収益と節税力を最大化

医師の不動産投資超入門

はじめに

「激務の割に豊かさを感じられない……」
「せっかく働いて収入を得ても、税金で半分が持っていかれる……」

私は、これまで20年近くにわたり不動産の世界に身を置いてきました。具体的には、中古住宅再生ビジネスや高額所得者を対象としたコンサルタント業務など不動産を活用した資産運用事業に幅広く関わってきました。２０１７年には、「古い因習が根強く残る不動産業界を変えたい」「お客様の利益を第一とする不動産投資のあり方を徹底的に追い求めたい」という自らの理想、思いを実現するべく、志を同じくする仲間たちとともに不動産投資会社「ＲｅＢＩＲＴＨ（リバース）」を設立しています。

冒頭にあげたのは、そうした自身の活動の中で、不動産投資についての相談を受けた際に耳にした言葉です。どちらも発したのは医師の方々でした。

医師という職業は、収入が高い職業の代名詞となっており、経済面での不平不満などとはおよそ無縁なイメージがあります。

しかし、現実には、このようにお金について満ち足りない思いを感じている医師の方は決して少なくないのです。とりわけ**税金の負担の重さ**に関しては、「税金を納めるのは当然のことだから」と思っていたような人でも、いざ自分がこれまでに納めてきた額、さらにはこれからの生涯で納める額を直視すると、「こんなに……」とため息をつくことが珍しくありません。

個人的な話になりますが、私は過去に10時間を超える脳の外科手術を受けたことがあります。無事、成功に終わったものの、もしそうでなかったら、今このような文章を書いていることはないでしょう。そのために、医師の仕事に対してはひとかたならぬ敬意と感謝の念を抱いていますし、「医師の方々が抱える悩みや問題を解決するための力になりたい」「自分にできることで役に立ちたい」という思いは人一倍強くあります。

そして実際に、収入に関する不満や資産に対する不安を持たれている数多くの医師の方々に対して、資産形成や節税など個々の目的に応じてそれを実現するために最適と考えられる不動産投資の提案を行ってきました。その結果として、「不動産投資について教えてもらって本当によかった！」という言葉を頂戴したことも一再ならずあります。

自身の労働に十分見合うだけの資産を築きたい、税金の負担を少しでも軽くしたい――多くの医師の方々が共有しているに違いない、そうした思いをかなえるうえで、**不動産投資は間違いなく理想的な手段**となり得ます。

本書では、なぜ医師に不動産投資が適しているのか、またどのような物件を選べばよいのか、さらにはどのように物件の管理・運用を行っていけばよいのか、という不動産投資に関する基本的な知識やノウハウを懇切丁寧に解説していきます。また、不動産投資が税負担の軽減につながる仕組みについても、事例をあげながらわかりやすく説明しました。

少子高齢化により人口が減少し、国力が弱まる中、日本経済は悪化の度合いを深め、これまでになかった危機的な不況に陥ることも予想されています。円安とインフレが急速に進行している現状は、そうした望ましくない事態が遠くない未来に迫っていることを示しているといえるかもしれません。

そして日本がそのような深刻な状況となれば、たとえ医師という職業であっても日々の生活は決して安泰ではなくなるかもしれません。

自身や家族の大切な生活と未来を失わないためにも、資産を守り、そして着実に増やしていける不動産投資という絶好の手段があることを、ぜひ本書を通じて、多くの医師の方々に知っていただければと切に願っています。

第1章　困ってませんか？　医師のお金のリアル

第2章

医師に不動産投資が適している10の理由

第3章　どんな物件を購入すべきか？

第 **4** 章

知っておきたい不動産と税金の話

第5章　利回りを高める物件管理のコツ

第6章 不動産投資は「始まり」でしかない

本書に掲載されている収支シミュレーション等の計算は、２０２３年３月末時点の税制に基づく試算です。税制改正や資産状況その他によって実際の値は変わる可能性があるので、参考値としてご覧ください。

第1章

困ってませんか？
医師のお金のリアル

あらゆる職業の中で医師は最も収入が高い

今さら言うまでもありませんが、人々の命と健康を守る医師は社会にとって不可欠な存在であり、そのうえ高い収入を得られる職業として知られています。一般に高収入の目安として年収1000万円があげられることが多く、実際、メディア事業等を手がけるベースメントアップス株式会社が2019年に行った調査では「理想の年収はいくらですか？」という質問に対して、65％の人が「1000万円以上」と回答しています。

ちなみに、国税庁による「令和2年分民間給与実態統計調査」では、給与所得者の平均給与額は433万円、男女別で見ると男性が532万円、女性が293万円であり、1000万円を超える人は全体の5％にも達していません。

しかし、医師の世界では、いわゆる〝1000万プレーヤー〟が当たり前です。厚生労働省の「令和3年賃金構造基本統計調査」によれば、次のように**平均年収の高い職業として医師がトップ**の位置を占めています。

1位　医師……1378万2900円

2位　航空機操縦士……1072万2500円

3位　大学教授（高専含む）……1072万8000円

4位　その他の経営・金融・保険専門職業従事者……1029万5200円

5位　法務従事者……945万3600円

6位　大学准教授（高専含む）……856万1600円

7位　管理的職業従事者……840万4600円

8位　歯科医師……787万2400円

9位　システムコンサルタント・設計者……733万6000円

10位　研究者……713万6300円

このように、現在、日本に存在するあらゆる職業の中で医師が最も高い収入を得ているのです。

参考までに18ページに各科目ごとの医師の平均年収もあげておきました。仕事柄、

【図1】 各科目の平均年収

科目	平均年収
内　　　科	約 2,424 万円
皮　膚　科	約 2,709 万円
整 形 外 科	約 2,988 万円
小　児　科	約 3,068 万円
産 婦 人 科	約 1,834 万円
眼　　　科	約 1,512 万円
耳鼻咽喉科	約 1,890 万円
精　神　科	約 2,587 万円
外　　　科	約 1,977 万円

※ FP サービス株式会社が「厚生労働省 中央社会保険医療協議会 第 22 回医療経済実態調査（医療機関等調査）令和元年実施」をもとに作成した資料から引用

私もこれまでに多くの医師の方々と接してきましたが、外科や整形外科を専門としている方々の中には年収が億を超える人もいました。最近は、ことに小児科医や精神科医の収入が上がっていると聞きます。とりわけ精神科医はコロナ禍の閉塞的な状況が続く中で、心の不調を訴える人が増えていることが収入の増大につながっているようです。

自身の年収に不満を抱いている医師は少なくない

世間一般の親に対して「子どもになってほしい職業」についてアンケート調査すると、医師は常に上位にランクインします（20ページ参照）。それも、やはり「子どもにはお金で苦労してほしくない」「医師になればお金のことで悩まなくてすむはず」という思いがあるからなのでしょう。

しかし、実際はどうなのでしょうか。医師になればお金に困ることはなくなるのでしょうか。お金の問題や悩みから解放されることになるのでしょうか。

【図2】 親が子に就かせたい職業ランキング

〈男の子〉

順位	職業名	得票数
1位	公務員	45
2位	一般企業の会社員	31
3位	医師	19
4位	プログラマー・エンジニア・ゲームクリエイター	18
5位	研究者	11
同率6位	薬剤師・経営者	各9
8位	教師	8
同率9位	YouTuber・スポーツ選手	7

〈女の子〉

順位	職業名	得票数
1位	公務員	35
2位	一般企業の会社員	26
3位	薬剤師	21
4位	看護師	20
5位	パティシエ	12
6位	医師	10
7位	保育士	8
同率8位	芸能関係(女優・芸人・歌手など)・プログラマー・エンジニア・ゲームクリエイター	各7
10位	デザイナー	6

日本トレンドリサーチと青山ラジュボークリニックによる「子供に将来なってほしい職業に関するアンケート」(調査期間:2022年3月13日～3月18日)をもとに作成

実は、医師という高収入を得られる職業に就きながら、金銭的な不満を抱えている人は決して少なくありません。医師を対象とした求人・転職情報サイト「リクルートドクターズキャリア」が、2015年に年収や貯蓄、投資に関する医師の実情をリサーチするために実施した『医師の「お金」大アンケート』では、年収に対する満足度に関するアンケートが行われています。その結果は次のように、たいへん興味深いものでした。

質問「年収の満足度を教えて下さい」

「やや満足」	38・3％
「やや不満足」	29・7％
「不満足」	16・3％
「満足」	15・7％

最も多い回答は「やや満足」です。しかし**「やや不満足」と「不満足」の割合が「満足」を上回って**おり、両者を合わせれば46％に達します。実に半数近くの医師が自身の年

収に対して満ち足りない思いを抱いているのです。一般の人たちよりもはるかに高い収入を得ているにもかかわらず……。

後期研修医になると収入がアップするが……

前ページの調査が示すように金銭面で不満のある医師が少なくないのは、収入が増えるのに比例して、出ていくお金も増えていくからなのかもしれません。

そもそも医師免許を取得したばかりの1、2年間、具体的には初期研修医の頃は、まだ得られる収入がそれほど多くありません。私の知人のある研修医の方は次のように語っています。

「どこの病院でも研修医はパワハラにあっていて、常日頃から患者をみる責任と、上司からの重圧に耐えています。にもかかわらず、給料はほとんどの病院でかなり安く、20年前などの状況と比べたら良くはなっていますが、特に初期研修医は生活するのがやっとの状況です」

このように、**毎月の給与が低いうえ、さらに残業代も十分ではない**現状もあります。

右の研修医の方はそのことについてこう述べています。

「時間外労働に関して、病院により差はありますが、ちゃんとした手当がついていないことが多いです。ちょろまかす人がいたりするためか、病院側がむやみに厳しい制限を設けているため、時間外に働いても手当をつけてもらえないこともあります。特に外科などは夜に居残ってプレゼンの準備をしたり、患者管理をしたりなどが多く、当直でもないのに一晩中病院で作業を徹夜でやったりなどしています。

研修医は立場的に弱く上司や病院に訴えることも許されず、泣き寝入りしているのが現状です。私も給料は30万円程度と労働時間に見合ってないうえに、時間外労働も2時間までしか認められていません」

研修医の決して恵まれているとはいえないこうした経済状況は、後期研修医になればわずかながら改善されることが期待できます。

後期研修医は、許可が下りた場合に勤務先以外の医療機関でも働くことができます。研修先の大学病院などから支払われる給与のほかに、割のよい〝アルバイト代〟が収入に加わってくるわけです。そして、このアルバイト収入が結構、馬鹿にならない額となります。

こうして後期研修に入り外勤先でのアルバイトを重ねる中で収入は着実に増え、そして、そこから外科、内科、眼科、耳鼻科などの専門医の道に進めば、さらに年を追うごとに年収は大きくなっていきます。

生活水準が上がればかかるお金も増えていく

しかし、このように収入が増える一方で支出も増加していきます。財布に余裕ができたことに伴って、自然と消費のスピードも早まっていくのです。

まず年収の額に比例して、生活水準が高くなり、衣食住全体に費やすお金の額も大きく上がっていくでしょう。住むところはより広くなり、着るものもブランド物の服が増え、外食の費用も一桁増しになるかもしれません。

また、趣味にお金を注ぎ込む人も少なくないでしょう。実際、医師の方々はそれぞれ多様な趣味をもっています。医師向けの情報サイト「m3.com」が2021年に行った調査によれば、日々の仕事に追われる中、趣味に一定の時間を割いている医師の割合は3割前後に達しています。

そこで、あげられている具体的な趣味の中身は、ゴルフ、ランニング、マラソン、ヨガ、野球、筋トレ、散歩、サイクリング、テニス、ラグビー、サッカー、サーフィン、読書、文筆活動、川柳、映画、芸術鑑賞、音楽鑑賞、パチスロ、競馬と実に多彩です。

個人的な印象として、医師の方々は、高級車、高級時計、マイホーム、美食、仲間たちとの時間の共有等々……自分にとって価値あるものには投じるお金を惜しまない傾向があるように感じます。

子どもを医学部に進ませようとすれば軽く数千万円が必要に

しかも結婚して家族をもてば、出ていくお金は加速度的に増えていきます。日々の生活費はもちろん、とりわけ高額になりがちなのはやはり子どもの教育費でしょう。特に子どもも自らと同じ道に進ませたいと願うのであれば――。

２０１６年にリクルートドクターズキャリアが実施したアンケート調査によれば、子供を医学部に進学させる希望をもつ医師の割合は３割を超えています。また、「教育資金はいくらぐらい用意すれば安心だと思いますか？」という問いに対しては１０００万円以上と答える人の割合が８割を超えています。

実際、医学部進学のために必要となる教育費は、軽く数千万円に及ぶことが予想されます。

左ページにあげたのは、主な私立大学の医学部学費の相場を表にまとめたものです。これを見ると、順天堂や慶応などほとんどの大学では、**6年間の学費が2000万円、3000万円以上**になることがわかります。

これに加えて大学進学以前の教育費も必要になります。子どもを私立の小学校、中学校に通わせる方針であるならば、公立の場合に比べて2倍、3倍はかかることになるでしょう。さらに、塾・予備校の費用も考えなければなりません。特に医学部受験対策をする専門の予備校には年間で３００万円から６００万円程度を支払わなければ

【図3】私立大学 医学部学費一覧

単位:円

順位	大学名	6年間総費用	初年度費用(A+B)	初年度学費納入額(A)	初年度諸費納入額(B)	次年度以降学費納入額	次年度以降諸費納入額	寄付
1	国際医療福祉大学	19,190,000	4,615,000	4,500,000	115,000	2,800,000	115,000	なし
2	順天堂大学	20,800,000	2,900,000	2,900,000	※	3,580,000	※	任意
3	慶應義塾大学	22,059,600	3,843,350	3,840,000	3,350	3,640,000	3,250	任意
4	日本医科大学	22,297,800	4,797,800	4,500,000	297,800	3,500,000	0	任意
5	自治医科大学	22,600,000	4,600,000	4,600,000	※	3,600,000	※	なし
6	東京慈恵会医科大学	22,810,000	3,810,000	3,500,000	310,000	3,800,000	0	※
7	東邦大学	26,297,800	5,297,800	4,800,000	497,800	4,200,000	0	任意
8	関西医科大学	28,140,000	5,860,000	5,700,000	160,000	4,400,000	56,000	任意
9	昭和大学	28,172,000	5,422,000	4,500,000	922,000	4,500,000	50,000	任意
10	東京医科大学	29,833,800	4,978,800	4,800,000	178,800	4,920,000	51,000	任意

河合塾 医進塾のオフィシャルサイトに掲載されている「私立大学 医学部学費一覧」より抜粋

ならないといわれています。

重い所得税の負担、課される税金は百万円単位

家族との生活や子どもの教育にかかるお金に加えて、医師の家計には税金の負担も重たくのしかかってきます。医師は、所得が多いため、課される所得税の額も大きくなることが避けられません。

日本の所得税は、所得の金額が大きくなるほど税率も高くなる累進課税制度が採用されています。具体的には、次のようなかたちで税率が上がっていきます。

課税される所得金額	税率	控除額
1000円から194万9000円まで	5％	0円
195万円から329万9000円まで	10％	97,500円
330万円から694万9000円まで	20％	427,500円

695万円から899万9000円まで	23%	636,000円
900万円から1799万9000円まで	33%	1,536,000円
1800万円から3999万9000円まで	40%	2,796,000円
4000万円以上	45%	4,796,000円

多くの医師は年収が1000万円を超えているので、所得税率を算出する場合、最高税率は33%以上になります。年収のうち、900万円を超えた部分については実に3割以上も税金で取られることになるのです。

さらに、所得税に加えて住民税と復興特別所得税も課されます。それらを合わせれば、毎年200万円、300万円、400万円……の税金を取られている人が医師の中には大勢いるのです。

年収が3000万円以上あるのに貯蓄がない医師も

たとえ年収が1000万円以上あったとしても、税金や各種社会保険料などが給与から差し引かれてしまえば、実際に使える可処分所得は少なくなります。たとえば、年収が1000万円であれば月々の手取り収入は50万円ぐらいなので、そこから、食費、通信費、光熱費などの生活に必要な費用や住宅ローンの支払い、子どもの教育費などを差し引けば、とてもぜいたくできるような額は残りません。

「医師は高年収だから、リッチな暮らしを楽しめてうらやましい」と世間の人たちは思っているかもしれませんが、本当に余裕のある生活をしている人はどれだけいるのでしょうか。

もちろん、医師の仕事をしながら資産をしっかりと築いている人もいるに違いありません。しかし、これまで私が不動産投資の相談に応じてきた医師の方々の中には、預貯金の乏しい人も少なくありませんでした。中には、勤務医として3000万円以上の年収がありながら、50歳を過ぎても貯蓄がほとんどないという人もいました。

開業すればお金の悩みはなくなる？

現在、勤務医として働きながら年収に対して満足感を抱けない人の中には、「独立してクリニックを開業すれば、もっと稼げるはず。収入に対する不満は解消されるに違いない」と思っている人もいるかもしれません。

しかし、果たしてそうでしょうか。

そもそも、勤務医と開業医では収支の構造が全く異なっています。次にあげた勤務医と開業医の手取りに関する計算式をご覧ください。

勤務医の手取り＝給与－税金・社会保険料
開業医の手取り＝売上－（経費＋開業のために借りたローンの返済額＋税金・社会保険料）

勤務医の手取りは、給与から税金・社会保険料を引いた額になります。給与も税金も基本的には決まった額であるため、毎月安定した手取りを得ることが可能です。

一方、開業医の手取りは、売上からクリニック経営に要する経費と開業資金のために銀行から借りたローンの返済額、そしてさらに税金・社会保険料を差し引いた後ではじめて確定します。売上が低ければ、手取りもそれに応じて少なくなる可能性があります。また売上が高くても、かかった経費が大きければ手取りが少なくなるかもしれません。

このように、**開業医の手取りは勤務医ほど安定したものではありません。**クリニックの売上の額や経費の多寡などによって左右されるものです。満足できるだけの収入を得られるか否かは、経営状況次第、つまりは経営者である医師の手腕によって決まることなのです。

医師をターゲットにする投資業者たち

ここまで見てきたように、たとえ勤務医として年収が高くても、あるいは開業医になったとしても金銭的に十分安心できる状況が確保されるとは限りません。

〝お金のことで全く悩まずに余裕のある生活を送りたい〟

そんな思いをかなえるために、中には投資によって資産を増やすことを考えている人もいるでしょう。

また、株や投資信託、FX（外国為替保証金取引）、あるいは、近年注目されている暗号資産（仮想通貨）などにすでに投資しているという人もいるかもしれません。

医師には様々な投資話が持ち込まれます。特に安定した収入を得られる勤務医に狙いを絞って、営業をしかけている投資会社は数多くあります。

私の知人のある医師は、そんな業者の執拗なアプローチに閉口させられた結果、紹介以外では会わないようになりました。先日、その方とお話していたら「知り合いの大学教授の名前を語って、受付を突破しようとしてきたやつがいたよ」とこぼしていました。

医師は詐欺的な投資業者に狙われる？

投資に関して一つ触れておくと、投資話を持ちかけられたときには、まず何よりも「勧誘してきた業者が本当に信頼できるのかどうか」をしっかりと見極めることが必要です。**投資の世界には詐欺的な業者も少なくない**からです。

金融庁が2022年2月に公表した『「金融サービス利用者相談室」における相談等の受付状況等（期間：令和3年10月1日～同年12月31日）』では、金融サービス利用者相談室に寄せられた相談のうち「詐欺的な投資勧誘に関するもの」が1808件あり、そのうち1503件が何らかの被害があったものとなっています。

また、国民生活センターでは、最近の投資詐欺のケースとして、実例をあげて注意喚起を行っています。参考までにご紹介しておきましょう。

①海外に所在するとしている業者が、金融商品取引法に基づく登録を受けずに国内の消費者に対して勧誘を行い、トラブルになっているケース

②金融商品取引法に基づく登録を受けていない業者（無登録業者）等が、セミナーやSNS等を通じて若年者に「投資話」を持ちかけ、消費者金融等から借り入れをさせて投資させるなどし、トラブルとなっているケース

③暗号資産で海外事業者に投資をすると大儲けできると勧誘を行い、配当や預かった暗号資産の払い戻しに応じずにトラブルとなっているケース

ここでもあげられているように、暗号資産がらみの投資話で被害を受ける例が近時、増えているようなので、ビットコインをはじめとした仮想通貨への投資勧誘に対しては特に用心することが必要かもしれません。

なぜ、医師には不動産投資が向いているのか

投資を行う際には、リスクに対しても十分な注意を払うことが必要です。ことにリターンが高い投資商品は、リスクも小さくありません。そのため、万が一の場合には

投じた資金の大部分を失ってしまう危険さえあります。

「家族のためにお金を増やそうと思ったのに……こんなことなら投資なんてしなければよかった」と嘆くようなことにならないためにも、資産運用を始める第一歩としては、やはりリスクが低く確実なリターンが期待できるものを選択するのが適切です。その選択肢の一つとして、お勧めしたいのが不動産投資にほかなりません。

先述のような業者による強引な営業は不動産の世界でも行われているため、もしかしたら不動産投資に対してネガティブなイメージを持っている人もいるかもしれません。

しかし、不動産投資は医師にとって、とりわけ勤務医にとって非常にメリットの大きい理想的な資産運用手段であることは間違いないと断言できます。

確かに、不動産業界には古い独りよがりな営業スタイルや不誠実で非合理的な慣習が強く残っており、その外部にいる一般の人たちに不信感を抱かせる側面があります。私自身はそのような業界のあり方を変えたい、誰もが安心して不動産投資を始められる健全で透明性のある環境を業界内に作り上げたいと、微力ながら努めてきたつもりです。その過程において、これまで数多くの医師の方々との間に信頼関係を築き、誠心誠意、不動産投資をサポートしてきました。顧客となった方々はみな、それぞれの投資の目的を実現し、満足のゆく結果を得られたのではなかろうか、と自負しております。

では、医師という職業に就く人たちにとって、なぜ不動産投資が資産運用手段として理想的なのか――その理由については次章で詳しく解説したいと思います。

まずは知ることがすべてのスタートとなる

タイムイズマネーといいますが、時間はかけがえのないものです。限りある人生の時間を、不安なく、有意義に過ごすためには十分な資産が必要になります。

そのために今からできることがあるのならば、未来への安心を得られる確かな方法があるのならば、知っておくのは決してムダではないでしょう。

実際にそれを行うかどうかは、知識を得たあとで決めればよいことです。まずは効率的に安心して進められる資産運用手段があることを知っておくだけでも、「家族との生活にかかるお金をしっかりと確保できるのか」「子どもの教育費を余裕をもって用意できるのか」といったお金に関わる悩みや問題に対する漠然とした不安を多少なりとも解消できるはずです。

問題解決のための方法があるのにそれを知らないでいることほど、人生で大きなリスクはありません。まずは知ることがすべてのスタートになるのではないでしょうか。

第2章

医師に不動産投資が適している10の理由

不動産投資は転ばぬ先の杖になる

私の知り合いに、東海道新幹線の沿線にある地方都市で訪問診療専門のクリニックを開業して、大成功を収めた方がいます。開業前は、都内の私立病院で内科医として務める傍ら、北海道など20近くの場所でアルバイトもこなしていました。その時点ですでに年収は3000万円近く。たいへん稼いでいたのですが、開業後はそれが5倍以上になりました。確かな診療技術に加えて、開業する前にスーツ姿でエリア内の個人宅等をくまなく回り、「今度、新しくクリニックを開きますので、よろしくお願いします」と営業に励んだことが奏功したようです。

ただ、近年、診療報酬が改定されたことにより、以前に比べて得られる収入が少なくなったと聞きました。

このように、経営が順調であっても診療報酬の改定一つで大きく変動するというように、**開業医の収入にはやはり不安定なところがあります。**また、そもそも医師に限った話ではありませんが、人生はいつ何が起こるかわからないものです。病気や事故のために、仕事ができなくなるリスクは常にあります。

そんな万が一のときにも、投資を通じて資産を築ける仕組みが用意されていれば、転ばぬ先の杖として役立ってくれるかもしれません。そんな投資の選択肢として、不動産投資が医師にとって最適な選択肢の一つになり得ることは、改めて強調しておきたいと思います。

本章では、その理由について詳しく解説しましょう。具体的には、以下の10の理由を取り上げていきます。

理由① 毎月、決まった賃料が入ってくる
理由② 所得税の節税につながる可能性がある
理由③ 頻繁に買い替える手間をかけたりする必要がない
理由④ 好条件で投資資金の融資を得ることができる
理由⑤ 価格の暴落が起きにくい
理由⑥ 副業とは違うので安心して取り組める
理由⑦ 法人化でさらに資産運用の選択肢を広げられる

理由⑧　資産形成の知識武装になる
理由⑨　インフレに対する資産防衛手段となる
理由⑩　医師という枠を超えて世界が広がる

では、①から順番にみていきましょう。

理由①　毎月、決まった賃料が入ってくる

不動産投資では、賃借人から毎月、決まった賃料が入ってきます。たとえば都内にワンルームマンションを所有した場合、どれだけの家賃収入が得られるのかを確認してみましょう。

43ページにあげたのは、不動産情報サイトの「LIFULL HOME'S」がまとめた東京23区内のエリア別家賃相場で、一般的なワンルームマンションの家賃相場が示されています。一番低い江戸川区でも6万円以上、最も高い港区なら11万円以上もの賃料収

【図4】 東京23区内のエリア別家賃相場表

エリア		家賃相場
都心部	千代田区	10.72 万円
	中央区	10.15 万円
	港区	11.57 万円
	新宿区	9.97 万円
	渋谷区	10.70 万円
	文京区	9.34 万円
区東部	足立区	7.16 万円
	江戸川区	6.94 万円
	江東区	9.29 万円
	荒川区	8.00 万円
	葛飾区	6.96 万円
	台東区	9.62 万円
	墨田区	9.05 万円
区南部	品川区	9.20 万円
	目黒区	9.97 万円
	大田区	8.15 万円
	世田谷区	8.70 万円
区西部	中野区	8.76 万円
	杉並区	7.89 万円
	練馬区	7.31 万円
区北部	豊島区	9.17 万円
	北区	8.33 万円
	板橋区	7.52 万円

※ 2022年4月時点、駅徒歩10分以内にある物件の平均賃料を軸に算出

LIFULL HOME'S のオフィシャルサイト「〈東京 23 区〉1Kの家賃相場をエリア別に紹介！ 部屋選びのポイントも解説」より引用

入が得られることがわかります。都内にワンルームマンションを一つ持つだけで、本業からの収入とは別に年間で最小70数万円から最大百万円以上の〝副収入〟が得られるのです。

投資から得られる利益には一般にキャピタルゲインとインカムゲインの二種類があります。前者は投資対象である資産を売却したことによって得られる利益であり、後者は資産を保有し続けることによって得られる利益です。

資産運用の手段は数多くありますが、**インカムゲインを安定して得ることが可能な投資商品は決して多くありません。**たとえば株式投資では配当金というインカムゲインを期待できますが、投資対象の企業が配当できるだけの利益をあげることが条件となります。そして、業績が悪化し赤字となった企業が配当を出さなくなることは、決して珍しくありません。

それに対して、不動産投資では物件選びさえ間違わなければ入居者を確保することができ、継続的な賃料収入を得続けることができるのです。

第1章で述べたように、医師の生活は何かとお金がかかります。本業からの収入とは別に、安定したインカムゲインを、確実な現金収入を得られることは、不動産投資の非常に大きな魅力といえるでしょう。

理由② 所得税の節税につながる可能性がある

医師をはじめ高い収入を得る人にとって、大きな悩みの種になるのが税金の負担の重さです。先に触れたように、年収1千万円以上の高額所得者に対する所得税、住民税等の額は年間で数百万円に及びます。

中には税金を減らすための策として、ふるさと納税を活用している人もいるかもしれません。返礼品として送られてくる肉や果物、お酒など各地方の特産品を楽しみながら税金を節約できるということでなかなかの人気のようです。

また、各種の所得控除を利用している人もいることでしょう。ことに医療費控除は年間で最大200万円の控除額なので、最大限に役立てている人が少なくないのではないでしょうか。

さらに、あまり多くはないかもしれませんが、エンジェル税制を使っているという人もいるかもしれません。これはベンチャー企業へ投資を行った個人投資家が投資時点と株式の売却時点に税制上の優遇措置を受けられるという制度であり、平成9年の税制改正で新設されました。

不動産投資は、そうした様々に考えられる節税対策の中で最も効果的で大きな結果が期待できる選択肢となるでしょう。

具体的には、中古ワンルームマンション等の投資用不動産を購入し、減価償却費用など購入・運用にかかる経費を計上し、不動産所得と給与所得を損益通算することで所得税の大幅な軽減につなげることが可能になります（損益通算などの仕組みの詳細については第3章で解説します）。

また、**不動産投資は基本的に専門家に丸投げすることが可能**です。本業が多忙な中、税金を減らすために時間をかけることが煩わしいという医師にとって、不動産投資は手間がほとんどかからない手軽で使い勝手のよい節税対策になるはずです。

理由③　頻繁に買い替える手間をかけたりする必要がない

投資という言葉を耳にしたときに、「頻繁に売ったり買ったりしなければならず面倒くさそうだ」と思う人は少なくないかもしれません。たとえば株式投資では、証券会社の担当者が〝買い〟と〝売り〟をしきりに勧めてきます。

「A社は、子会社を上場する計画を進めています。今、株を買っておけば儲かります」

「この前、買ったB社の株ですが、先の決算発表で増収増益が報告されて200円上がりました。次の決算は間違いなく減益でしょうから、今のうちに売っておきましょう。その代わりにC社の株を買いましょう」等々……。

また、FXでも、利益あるいは損失を確定するために、市場の状況を見てこまめに売買を繰り返すことが必要になります。

株式やFXなどのように、数日、数ヶ月という短い間に、投資商品を買ったり売ったりしなければならないのは手間がかかりますし、神経も使います。

それに対して不動産投資では、このように短いスパンで売り買いを行う必要はありません。

そもそも不動産投資の本来的な目的は頻繁に買い替えてキャピタルゲイン（売却益）

を得ることにあるのではなく、**賃料を長期的に得ていくこと、またその収入をもとに様々な資産戦略を構築すること**にあると私は考えています。

そして、この目的を実現するためには、短中期売買を行える中古ワンルームマンションへの投資をお勧めします。その理由については、次章で詳しく説明しましょう。

理由④ 好条件で投資資金の融資を得ることができる

当たり前のことですが、投資を行うためには資金が必要となります。もちろん、不動産投資もその例外ではありません。

中には「興味はあるのだが、あいにく今は不動産投資に回せるだけのまとまったお金がない」という人もいるかもしれませんが、心配は無用です。不動産投資では、投資資金の全額もしくは一部を金融機関から借りることができるのです。

投資に必要なお金を融資してもらえるのは、他の投資商品にはない不動産投資ならではの大きなメリットといえるでしょう。たとえば、企業ならともかく一般の個人が

「株式を購入したいからお金を貸してほしい」といっても、応じてくれる銀行はまずないはずです。

しかも、一般の人よりも、医師は不動産投資の融資を得やすいといえます。医師は健康である限り働き続けることが可能であるため、失業リスクが低く、長期にわたって安定して高い収入を得られるとみられています。そのため、他の職業に比べてもメガバンクやノンバンクからの信頼が厚く、好条件（低金利、長期借入）で借り入れを受けられる可能性が高いのです。実際に近時の融資事例をあげて示してみましょう。

医師の融資事例

開業医　年収2500万円 → 融資割合100%、金利1・4%、融資期間20年
開業医　年収5000万円 → 融資割合100%、金利1・45%、融資期間25年

融資割合100%とは、物件の購入資金の全額を借りられるということを意味しています。

ちなみに、どちらも築30年以上の木造物件での融資事例です。一般的に融資が出にくいと言われている築古木造物件でも、**金利1％台でフルローン**が出るのは金融機関の医師に対する信頼感と評価がどれだけ高いのかを、如実に物語っているといえるでしょう。

レバレッジ効果で資産を大きく増やせる

このように借入れによって、つまりは他人のお金によって資産運用を行えることの結果として、不動産投資では「レバレッジ」効果により資産を大きく増やすことが可能となります。

「レバレッジ」とは「てこの原理」を意味する言葉です。「てこ」が小さな力で大きなものを動かせるように、不動産投資では自己資金が数十万円、数百万円であっても、数千万円、数億円の投資用マンションを保有することができるのです。

「レバレッジ」効果の中身について、わかりやすい例をあげて具体的に確認しておきましょう。

まず、Aさんは融資を受けずに1000万円の物件を購入して、年間家賃収入60万円を得ました。

一方、Bさんは1000万円の自己資金に、ローンで借りた3000万円も加えて4000万円の物件を購入し、年間家賃収入240万円を得ました。ローンの年間利息額は90万円になります。

不動産投資で獲得する年間の収益を比較すると、Aさんは60万円、Bさんは150万円（240万円－90万円）になります。元手は同じ1000万円なのに、AさんとBさんの収益差は90万円であり、2・5倍もの差がつきます。融資を受けたほうが、より多くの収益を得られるわけです。これが「レバレッジ」効果です。

ローン返済は基本的に家賃収入で賄うため、最初に用意する頭金以外、手元から出すお金は必要ありません。借入金で買った投資用マンションが自ら借り入れの返済費用を生み出してくれる仕組みとなっているわけです。

理由⑤　価格の暴落が起きにくい

投資商品の中には価格の上下動が激しく、短期間のうちに買値よりも大きく上がったり、逆に大きく下がったりするようなものもあります。

先に触れた暗号資産も極端な価格の下落、すなわち〝暴落〟がしばしば起こっています。たとえば、主要な暗号資産の一つであるビットコインの価格は、２０２２年８月現在、２０２１年11月につけた過去最高値（6万7566ドル）の３分の１ほどの水準となっています。

また株式投資では購入した銘柄がわずか１ヶ月の間に半値以下になることも起こり得ます。一例を示すと、窪田製薬ホールディングスという東証グロース市場に上場されている製薬会社の株価は２０２２年７月19日の時点で３２２円という年初来高値に到達しました。しかしそれから株価は下落し、約１ヶ月後の８月19日の終値は１５８円です。

もう一つ別の暴落例も示しておきましょう。東証スタンダード市場に上場されていた医療ベンチャーのテラの株価は２０２２年８月５日の時点で96円（終値）でしたが、同月22日には２円となっています（同社が８月５日に破産したことが原因）。

このように、株式投資では１ヶ月どころか**１週間程度で投じた資金が10分の１以下になる**ことも十分にあり得るのです。

しかし、不動産投資では、暗号資産や株式などでみられるこうした極端な価格の下落はほとんど起こりません。それこそ〝バブル崩壊〟のような異常事態、数十年に一度あるかないかのような例外的なケースの場合のみです。

とりわけ私の会社が主力商品として扱っているワンルームマンションに関しては、〝暴落〟という概念はないと断言できます。実際、日本の不動産の歴史で、ワンルームマンション全般が短期間の間に大きく価格を下げたなどということは過去に一度もありません。

不動産投資で重要なことは、賃料を長期的・安定的に得ていくこと、つまりは確実に収益を上げていくことです。そうした観点から、投資資金の融資を行う金融機関も、対象となる物件の資産性と収益性に関する査定をしっかりと行います。

つまりは、金融機関が購入資金の融資を行うということは、とりもなおさずその物件の資産性・収益性が損なわれることがない、**物件の価値が下落することはないと金融機関が判断している**ことを意味します。

このように「価格の変動に一喜一憂せずに平常心で投資に取り組みたい」という人にとって、暴落の可能性が極めて少ない不動産投資は最適な資産運用手段となるに違いありません。

理由⑥ 副業とは違うので安心して取り組める

近年、一般企業では副業を奨励する流れが出てきていますが、まだまだ多くの職場では副業禁止規定が設けられているのが実情です。病院やクリニックで勤務医として働いている医師の中にも、副業に関して何らかのルールを課されている人がいることでしょう。

そのように副業ができない人であっても不動産投資なら問題ありません。不動産投資はあくまでも資産運用の一手段であって、仕事ではないからです。毎月の賃料を賃借人から受け取るだけなら、単に〝大家〟として不労所得を得ているに過ぎません。

もちろん、資産運用の枠を超えて、不動産事業をビジネスとして行ってしまうと副業禁止に抵触するおそれがあります。

また、国公立の医療機関で働いている医師に対しては、人事院規則が不動産投資に関して「5棟10室」基準と呼ばれる制限を設けています。具体的には「一戸建ては5棟、アパート・マンションは10室未満」「年間の賃料収入が500万円未満」の規模を超えると不動産投資が〝副業〟扱いされるというルールがあります。

逆にいえば、このルールに反しない規模であれば、**国公立病院などで働いていても安心して不動産投資を行える**わけです。

理由⑦ 法人化でさらに資産運用の選択肢を広げられる

不動産投資は、個人ではなく法人の形で行うこともできます。それによって、資産運用の幅と選択肢をさらに広げることが可能となるのです。このように、個人形態の投資から法人形態の資産運用にステップアップすることを〝法人化〟といいます。

法人化のノウハウやポイントについては、後ほど詳しく解説するとして、ここでは私の会社で行っているコンサルテーションを例に、法人化の概略について説明しておきましょう。

まず個人として不動産投資を進める中で、これまでの収支構造を改変し所得をコントロールできるようになり、資産形成に関する当初の目的を実現した段階で、法人化を検討します。

設立することが可能な法人の種類はいくつかありますが、通常は株式会社を選びます。つまりは、法人化の結果、不動産のオーナーだけでなく、株式会社のオーナーにもなるわけです。

法人を設立すると個人のときとは収支構造がまた変わってきます。たとえば、使える経費の項目や中身は広がり、額も大きく増やすことができます（もちろん上限はあります）。

さらに、法人としての売り上げが向上することで、個人の時に手がけていたよりも規模の大きな不動産を取得し運用することも可能になります。

このように、法人化によって不動産投資の領域や内容は大きく変化し、資産形成の基礎をより盤石なものとすることが期待できるのです。

理由⑧　資産形成の知識武装になる

不動産投資をスタートすると、給与所得とは別に新たな収入（不動産所得など）を得ることになります。そして、またその収入にかかる経費も発生します。こうした新たな収支の構造が生まれることによって、資産設計や節税対策の選択肢が大きく広がることになります。

さらにいえば、不動産投資は資産運用の入り口であり、それがすべてというわけではありません。不動産投資で会得した資産運用のノウハウや節税に関する知識を土台として、他の種類の投資にも新たに取り組んでいくことが考えられます。たとえば株式投資を行うにしても、不動産投資で投資の基礎を学んでから行うのと、そうでないのとでは結果が大きく違ってくるはずです。

また、不動産投資自体にも、前述のように個人から法人へとよりステップアップしていく道筋が存在しています。

これまで私たちのサポートのもとで実際に不動産投資に取り組んできた方々の多くは、積極的に資産を築いていくことの面白さ、喜びを感じています。そのように楽しみながら資産形成に役立つ知識を自然と身につけ、人生を経済的な意味でより豊かなものにできる複眼的な視野を持つことが可能になるはずです。

理由⑨　インフレに対する資産防衛手段となる

ロシアのウクライナへの侵攻、一向に終わりが見えないコロナ禍、アメリカ経済の景気後退に対する懸念……世界情勢が不安定な中、急速な勢いでインフレが進行しています。

2022年7月時点で消費者物価指数は11ヶ月間連続で上昇しており、食品をはじめ生活必需品の値上げが相次いでいます。また円安も加速し、年初は1ドル＝110

円台だったのが、9月頭には24年ぶりに140円台にまで下落しました。こうした激しい円安のあおりを受けて海外製品の価格が幅広く高騰、特にiPhoneなどアップル製品の一斉値上げはニュースでも大きく取り上げられました。

この先、インフレの状況がさらに進むことになれば、つまりは物価の上昇が止まらずに、円がより一層弱くなれば、高所得世帯でも生活の苦しさ、厳しさを感じるようになるかもしれません。

では、インフレ下で大切な生活と資産を守るためには、どのような手立てを講じるべきなのでしょうか。

インフレ対策としてはやはり不動産に投資することが最も安全であり、確実なはずです。なぜなら、歴史的に**不動産はインフレに強い堅実な資産**とみなされてきたからです。

その理由として、一般にあげられているのは以下の3点です。

①不動産の資産価値が上がる

インフレが起こると、現金・預貯金は相対的に価値が目減りする傾向にあります。

それに対して不動産の価格は一般的に上昇する物価と連動することから、資産価値が上がっていきます。

②賃料相場が上昇する

インフレ時には家賃が下がりにくく、逆に上昇することもあります。通常、築年数が古くなれば賃料収入は減少していくことが多いのですが、インフレが進むと得られる賃料が増える可能性があるのです。

③実質的にローンの額が減る

前ページで述べたように、インフレになるとお金の価値が下がります。つまり、不動産投資のために金融機関から借りたローンの価値も目減りすることになるわけです。返済しなければならないお金の額そのものは変わりませんが、借りたときよりも価値が低くなったお金を返済することは、実質的にはローンが減った状態になったことを意味します。

日本は、1990年代の半ばから長い間デフレ状態にありましたが、それ以前は、今と同じようにインフレが続いていました。その間、具体的には高度成長期（1950年代半ばから1970年代初頭）、そしてバブル期の間も、不動産の価格は右肩上がりで上がり続けていたのです。

借りたお金の価値は下がるが、そのお金をもとに購入した不動産の価値は上昇する——日本に再び到来したインフレ時代において、不動産投資はこれ以上ない資産防衛術の一つになるはずです。

理由⑩　医師という枠を超えて世界が広がる

医師の仕事は、基本的に病院やクリニックの中だけで完結するものですが、不動産投資を行うことでそれとは全く異なる世界に触れることになります。

不動産のオーナーとなり家賃収入を得るという営みを通じて、それまでに考えもしなかったような人生経験を数多く体験するはずです。

たとえば、不動産から得た所得について確定申告をするという体験一つからも、「今までは給料から自動的に引かれていたからあまり意識しなかったが、こうやって自分で申告をしてみると税金に対する思いがずいぶんと変わってくるな」などと様々なことを感じるはずです。

株式やＦＸ、暗号資産のようなネットだけで売り買いができるバーチャルな投資商品と異なり、不動産は確固たるモノとして存在しており、〝人間的〟ともいえる側面をもっています。

不動産投資を進めていく過程では、具体的には物件を買う、貸す、管理する、売るというプロセスの中では、売主や買主、販売業者、管理業者など、多様な当事者が関わってきます。そうした人たちとのやりとりを通じて、医者と患者という関係性とはまた違った人間の異なる姿が見えてくるかもしれません。

実際、単なる資産運用の手段というだけでなく、不動産投資を通じて発生する様々な出来事を、一つの興味深いイベントのように楽しみ味わっている人も少なくありません。

このように不動産投資に関わったことがきっかけで、人生に一味違ったものが加わり、世界や人間に対する見方にも変化が生まれる可能性があるのです。

第3章

どんな物件を購入すべきか？

利回りや価格が高いからよい物件とは限らない

「販売会社から提案された物件をすぐに購入するのはやめてください」

これは、私が不動産投資についてアドバイスを求められたときに、必ず伝える注意点の一つです。

特に不動産会社の中には、ことさらに利回りが高い物件や価格が高い物件を勧めてくるところがあります。しかし、物件の善し悪しは、利回りや価格といった数字を表面的に見るだけで判断できるものではありません。

まず考えてほしいのは、物件を勧めてきた不動産会社の思惑です。もしかしたら、その物件をどうしても早く売りさばきたい理由があるのかもしれません。たとえば自社開発物件であったり、ずっと売れずに手元に残っているいわくつきの物件だったり……。

大変に残念なことですが、このように不動産業界の中には自社が有利になるような販売ばかりを考えている会社が少なくありません。本来、不動産会社は何よりも顧客ファーストでなければならないはずです。「お客さんとの間に生まれた縁を大切にし、その利益を第一にして、相場や市況をしっかりと読んでベストな取引となる物件を紹介しなければならない」というのが私の考えです。

では、ベストな取引となる物件は何かといえば、それは**資産性と収益性、利便性を備えた物件**にほかなりません。つまりは資産としての十分な価値があり、継続的に賃料収入を生み出し続けることができ、またそうした資産性と収益性を支えられるだけの便利さを備えた物件です。

逆にいえば、そのような物件に出会うことができれば、それだけで不動産投資は半分成功したも同じといってよいでしょう。

以下では、「資産性」「収益性」「利便性」を備えた物件を見極めるために意識しておきたいポイントについて詳しく解説していきます。

投資用物件の種類にはどのようなものがあるのか

そもそも不動産投資や投資用物件の種類としては、どのようなものがあるのかをまずは確認しておきましょう。主なものとしては、次の8つがあげられます。

①区分投資

マンションの一戸もしくは複数戸を購入して運用する投資手法です。投資対象としてはワンルームやファミリータイプ、新築物件、中古物件が選択肢となります。

②一棟投資

マンションやアパートなどの集合住宅を一棟丸ごと、購入して運用を行います。区分投資と同様、新築と中古が選択肢となります。

③戸建投資

マンションではなく一軒家に投資します。新築ではなく、中古物件が投資対象になることが多いでしょう。

④借地権投資

借地権とは、建物を建てることを目的として土地を借りる権利です。所有権と同様に、売買が可能であり資産価値を持っています。

⑤底地投資

借地権の設定された土地（底地）に投資する手法です。底地は通常の土地に比べて割安で購入することができます。

⑥コインパーキング／バイク駐輪場

建物を建てられない土地や更地のままにしておきたい土地などの活用方法として広く行われています。

⑦トランクルーム／コンテナ

個人や企業などを対象とした貸し倉庫です。土地を確保することができれば、比較的低コストで始めることが可能です。コンテナはトランクルームのバリエーションの一つです。

⑧コインランドリー

利回りがよく長期的な収益が見込めるとして、近時、注目を集めています。

このように不動産投資の対象になり得る物件の種類は多種多様ですし、ここにあげたもの以外にも選択肢はあります（たとえば、オフィス物件、商業物件など）。不動産投資の初心者がこれらの中から選ぶ場合には、①区分投資、②一棟投資を候補として検討するのが一般的です。

建物の法的耐用年数と投資対象としての考え方

また、投資用不動産の構造には様々なものがありますが、基本的な知識としてまずは①ＲＣ（鉄筋コンクリート）造、②鉄骨造、③ＳＲＣ（鉄骨鉄筋コンクリート）造、④木造の違いを押さえておきましょう。

①ＲＣ造

鉄筋によって強化されたコンクリート（Reinforced Concrete）を用いた最も頑丈な構造です。耐震性に優れていますが、建築に要するコストは高額になります。

②鉄骨造

柱や梁などの骨組みを鉄骨で構成する構造です。鉄を意味する「steel」からS造ともいい、鉄骨の厚みによって「重量鉄骨造」「軽量鉄骨造」に分けられます。強度と工事コストはＲＣ造と木造の中間に位置づけられます。

③ＳＲＣ造

ＲＣ造と鉄骨造を組み合わせたもので、ＳＲＣは「Steel Reinforced Concrete」の略です。ＲＣの耐久性と鉄骨の粘り強さを備えています。

④木造

建築物の主要な部分に木材を使用したものです。一般的な一戸建て住宅やアパートなどに多く用いられています。強度はＲＣ造や鉄骨造より劣っていますが、工事コストが最も低いというメリットがあります。

これらのうちどの構造であるかによって、法定耐用年数が異なります。法定耐用年数とは、税法上定められた建物の耐用年数で、経年による建物の価値減少を計算する際の基準となります。

耐用年数が過ぎると帳簿上の価値はゼロ円になりますが、実際の建物の寿命は築後のメンテナンスなどによっても大きく異なってきます。たとえば木造の耐用年数は22年ですが、建築から30年、40年が過ぎても使用されている木造建築物は数多く存在しています。

また、日々のメンテナンスが適切に行われていれば、RC造のマンション寿命は60年以上といわれています。しかし、逆に管理をずさんにしていると、老朽化が加速度的に進んでしまいます。

このように個々の建物の寿命は管理やメンテナンス次第といえますが、一般論としては**木造よりもRC造、鉄骨造、SRC造の方が老朽化リスクが低い**ことは間違いありません。

老朽化や劣化が進んだ物件は、修繕が必要になるだけではなく、入居者が集まりにくくなるため、賃料の下落も招くことになります。また、十分な収益を確保できずに物件を手放すことになったような場合に、思うような価格で売却することができないおそれがあります。

そうした事態を少しでも避けるためには、できるだけRC造・SRC造の物件を選ぶことをお勧めします。

さらに、中古物件を購入する際に老朽化リスクを最小限に抑えたいのであれば、「重要事項調査報告書」を確認するとよいでしょう。重要事項調査報告書には、過去の修繕履歴や修繕積立金の総額、管理費や積立金の滞納状況や今後の修繕計画が記載されています。築年が経過しているのに修繕積立金が十分に貯まっていなかったり、適切に修繕が行われていなかったりする場合は特に注意が必要です。

不動産の資産価値は原価法と収益還元法によって評価される

やや専門的な話になりますが、不動産の資産価値はどのような形で評価されているのかについても触れておきましょう。

土地や建物の価値を評価する主な方法としては、①原価法と②収益還元法があります。

①原価法は、土地の価額と建物の価額を別々に割り出し、合算することで価額を算出します。土地の価額の基準としては路線価や公示地価を利用します。路線価とは国税庁によって定められている土地の評価額であり、公示地価とは国土交通省土地鑑定委員会が、地価公示法に基づいて定めた地点(標準地)の土地の価格です。

一方、建物の価額は「再調達価格(再度新築するのに要する費用)」に「耐用年数に対する残存年数(帳簿上の価値がゼロになるまでの年数)の割合」をかけあわせて算出します。

②収益還元法は、物件がもつ収益性から価値を割り出す方法です。将来的にその物件でどれだけの収益をあげたいのかをもとに、妥当と思える価額を計算します。金融機関が投資用不動産の価値を評価する場合は、もっぱらこの収益還元法で算出された価額を基準にします。

一棟投資は大きな利益を期待できるが多額の資金が必要

先に述べたように、不動産投資を行う場合、まずは①区分投資、②一棟投資を候補として検討するのが一般的です。

では、このうちどちらを選べばよいのかといえば、初心者は区分投資からスタートするのが無難です。というのは、一棟投資は区分投資に比べると、リスクが格段に大きくなるからです。

確かに、一棟投資は収益性が高く、その点は非常に大きな魅力です。都内で20室ある一棟マンションを購入してその全室が満室になった場合、それだけで毎月１００万単位の賃料収入を得ることが可能になるのですから。ことに商業地域などの資産価値がある立地では幅広い事業性が見込めるので、大きな成長が期待できる投資物件としてより一層魅力度が増します。

また、「経営判断を自分だけで下せる」という利点もあります。区分所有の場合には、マンションの共用部が老朽化しても一人の意思だけで「リフォームをしよう」と決めることはできません。マンションの他の住人たちからも同意を取り付けることが必要になります。たとえば外壁の劣化や手すりの錆びなどが目立ち、「このままにしていては空室リスクが高まる……」と懸念されるような場合に、区分所有であればなかなか対応できませんが、一棟買いなら独断で実行できるのです。

しかし、こうしたメリットとは裏腹に、一棟投資には見過ごせないデメリットやリスクもあります。

第一には、運用中に経年劣化などが原因で多額の修繕費用が発生する可能性が高いことです。

一般論として、一棟投資では少しでも利回りを上げようと、毎年、毎年キャッシュフローが着実に残る運用を目的としている人が多いと思います。

しかし、運用中に、配管の老朽化による障害やコンクリートのクラックなど、購入時にはわからなかった様々な経年劣化が相次いで判明することがあります（それらについて、物件を販売した営業担当者はどこまで把握して説明できているのでしょうか……）。その結果、修繕費用の支出を何度も何度も余儀なくされることになり、大きな賃料収入を得たとしても結果として毎月の収支がマイナスになるリスクがあります。このように当初思い描いていた収支構造が成り立たなくなり、本来の目的を実現できなくなる危険があるのです。

また、一棟買いは区分所有に比べて必要な資金が格段に大きくなります。物件にもよりますが、多くの場合、中古アパート一棟なら5000万円以上、中古マンション一棟なら1億円以上の金額を用意する必要があります。

販売業者の側からすれば、取引価格が大きければ大きいほど得られる利益も大きくなるので、当然、テンションは上がります。そのため、とにかく売ることばかりで頭がいっぱいになって、購入する側の気持ちは蔑ろにされるおそれがあるかもしれません。たとえば、**売りっぱなしで、その後のフォローがほとんど行われない**というようなたいへん困った事態に直面することになるかもしれません。

さらに、一棟投資は多額の資金を一時に銀行から調達することになるので、以降の不動産投資でそのことが重みとなる可能性もあります。つまりは、新たな融資を得にくくなるので、それ以上、物件を購入することが難しくなるかもしれません。

それから、取引価格が大きいということは、それだけ購入する人も限られてくることを意味します。そのため、売りたいと思ったときに買い手がすぐには現れないリスクもあるでしょう。

区分投資は少額から始められて分散投資によりリスクも減らせる

一方、区分投資であれば、一棟投資に潜むこうしたデメリットやリスクを十分に避けられます。

まず、必要な資金は一棟買いに比べてはるかに小さくなります。中古のワンルームマンションであれば数百万円から購入することも可能です。

また**購入できる層の範囲が広いため、売却する際に買手がつきやすい**というメリットもあります。一棟とは違い、区分ごとに売り買いができることから、資産の入れ替えを比較的容易に進めることができるでしょう（具体的には、減価償却資産の計上が終わった段階で売却し、減価償却費用やその他の経費などから構成される収支構造を再構築することになります）。

さらに、複数の物件を購入して「分散投資」をスムーズに行うこともできます。

「分散投資」とは、一つの商品や一つのエリアなどに投資資金を集中することで生じるリスクを軽減する投資手法です。たとえば特定地域の物件だけに投資をしていると、そのエリアで万が一、賃貸需要が急減するような事態が起こったときに、十分な収益を確保できなくなるリスクがあります。しかし、複数のエリアで物件に投資していれば、そのような場合でも、賃貸需要が保たれているエリアの収益でカバーすることが可能となります。

個々の投資金額を比較的低額に抑えられる区分投資であれば、こうした分散投資を実行することが難しくありません。特にお勧めしたいのは、今後成長が期待できるエリアに分散する「都府県分散型投資」です。その具体的な方法については、後ほど詳しく説明します。

中古ワンルームマンションにはリスクがほとんどない

ここまで区分投資のメリットについて述べてきましたが、「いいことばかりのように聞こえるがリスクはないのか？」と思う人もいるかもしれません。

確かに、一般論として投資にはリスクがありますし、不動産投資も決してその例外ではありません。

しかし、区分投資、とりわけ**中古ワンルームマンションへの投資に関しては個人的に、リスクは90％ない**と考えています（本来であれば100％と言いたいところですが、地震などの天災や他国からミサイルが飛んでくるといった不測の事態が起こり得る可能性は否定できませんので……）。

なぜなら、「資産性」「収益性」「利便性」という3つの条件を備えた物件を慎重に選び、なおかつ「安く買う」ことができれば、確実に安定した賃料収入を得ることができますし、「出口」で、つまりは売却するときにも満足のいくキャピタルゲインを手にすることが期待できるからです。

ワンルームマンションは需要が高く空室になりにくい

では、区分投資を行う場合、物件の購入はどのように行うべきなのでしょうか。そもそも、どのようなタイプのマンションを選ぶのが適切なのでしょうか。

区分投資の対象としては、大きく分けると、ワンルームとファミリータイプの二種類が考えられます。

ワンルームマンションはその名の通り居室一つにキッチンスペースなどがついているもので、対象となるのは主に学生や独身のサラリーマン、単身赴任者などです。そのため通勤・通学に便利な駅や大学の近く、学園都市に多く見られます。

以前はバス・トイレ一体型の3点式ユニット、簡易なキッチンというのが一般的な間取りで、広さも15㎡程度でした。それが最近ではバス・トイレ別、キッチンにも料理がしやすい工夫がされているなど居住性の高い物件が増えています。広さも20㎡以上あり、かつてとはずいぶん趣が変わっています。

投資家目線で見た場合、ワンルームマンションの特徴としてあげられるのは価格が安いということです。生活に必要な機能をコンパクトな空間に納めてあるため、一戸あたりの価格は低めに設定されています。比較的少額の資金で投資を始めることができるので、最近では若いＯＬなどが投資目的で購入するケースも増えています。

「需要が高く空室になりにくい」というのも投資家にとってはうれしいワンルームマンションの特徴です。

特に大都市圏では、少子高齢化が進む中でも若年層や単身者の流入が依然堅調であり、便利な立地にあるワンルームマンションへの需要は高く、不動産投資で心配される「空室がなかなか埋まらない」という懸念はほとんど不要です。

また、価格の低さと底堅い需要という特性が評価されるワンルームマンションには「現金化しやすい」というメリットもあります。

買手が多いため取引が活発に行われており、投資を手じまいしたくなったらいつでも売り抜けることができるのです。

そのため購入時から出口戦略を描きやすく、インカムゲインとキャピタルゲインを合わせた実現性の高い収支計画をしっかり立ててから投資を始めることが可能です。

ファミリータイプマンションに潜む意外な空室リスク

一方、ファミリータイプは、もっぱら家族を対象としたマンションであり、間取りや広さはまちまちです。たとえば、子供がいない夫婦だけの世帯であれば2LDKを、子供が一人なら3LDKを、二人なら4LDKを——というように、世帯のニーズに応じた部屋のタイプが用意されています。

個々の家族の置かれている状況はそれぞれ異なるため、立地も多様です。通勤・通学に便利であることを優先する家族がいる一方、「評判のいい学校の近くに住みたい」「緑の多い落ち着いた環境で子育てがしたい」などの要望を住まいの条件とする家族もいます。そのため、ワンルームマンションと異なり、都心部や駅近以外でも十分な需要が見込めます。

他方で、ファミリータイプマンションにはデメリットもあります。まず、単身者と違い家族が動く時期は4月と10月に偏っており、その時期に入居を募れないと空室期間が長引くおそれがあります。

また、ワンルームマンションに比べて購入価格も高くなりますし、リフォーム費用や修繕積立金などの出費が多めになることも避けられません。

このようにファミリータイプマンションは、ワンルームマンション以上に空室のリスクが高く、コストも大きくなります。

そうした点を鑑みれば、**ファミリータイプマンションよりもワンルームマンションの方が、投資対象としての安全性・確実性は高い**といえるでしょう。

初めての不動産投資を堅実に進めるためにも、まずはワンルームマンションを投資対象として選択することが適切です。

新築と中古のどちらを選ぶべきか

区分投資を行う場合、もう一つ、検討しなければならないことがあります。それは新築と中古のどちらを選ぶのかということです。この点に関して検討するために、新築と中古それぞれのメリット、デメリットを確認しておきましょう。

まず、新築のメリットはなんといっても新しいことです。そのため建物や設備に不具合が起きるリスクが小さいですし、万が一起きた場合も保証を受けられるので安心でしょう。たとえば新築のワンルームマンションであれば、購入先はマンションを建てたデベロッパーになります。中古物件を個人から購入するのとは異なり、「住宅の品質確保の促進等に関する法律（品確法）」に基づいて建物の重要な瑕疵（損傷や欠陥など）については売主による10年間の保証があるため、いきなり大きな修繕費用が発生するといった不安なく物件を保有することができます。

一方、デメリットとなるのはやはり価格が高いことです。ローン金額が大きい分、月々の返済額も大きくなるので、家賃から返済するというキャッシュフローの余裕が小さくなります。

また、買値が高いと売却益（キャピタルゲイン）をあげるのが難しくなるので、あらかじめしっかりとした投資計画を組んでおく必要があります。

中古物件は新築に比べて購入コストの負担が小さくなる

次に中古物件のメリットを確認すると、新築とは逆に、購入に要するコストが小さいことです。そのため、キャッシュフローが楽に回せるので、ローンを返済しながらでも確実に家賃収入を得ることができます。

建物や設備の状態は物件によって大きく違うので、購入の際にはある程度の注意が必要です。一般に1980年代後半から1990年代初めのバブル期前後に建てられた物件は面積が狭く、バス・トイレが一体になっている「3点式ユニット」が大半を占めます。家賃設定はやや低めになりますが、価格が安いため高利回りが期待できます。

これに対して2000年以降に建てられた築浅物件は全般に面積が広めで、バス・トイレなど設備も充実しています。その分入居が付きやすく、家賃を高めに設定できるという特徴があります。

一方、中古物件のデメリットとしては修理・修繕が必要になることや、過度に築年数が古いものは耐震性や建物の強度に不安があることなどがあげられるでしょう。もっとも、耐震性や強度に関しては、後述するように新耐震基準以降の物件を選ぶことで、リスクを回避することが十分に可能です。

新築マンションの価格は高くなりすぎているため投資対象としては不適格

このように新築・中古いずれにもメリット・デメリットがあります。そうした点や不動産市場の現況を踏まえてアドバイスすると、ワンルームマンションに関しては、新築よりも中古物件を購入することを強くお勧めします。実際、私の会社でも基本的には、中古物件を提案しています。

理由は非常にシンプルで、現在、新築物件の価格水準は過度に高くなっているためです。

次ページにあげたのは、新築マンションの平均価格の推移を示したデータです。民間調査機関の不動産経済研究所によれば、2021年度の戸当たり平均価格は、バブ

【図5】新築マンションの平均価格の推移

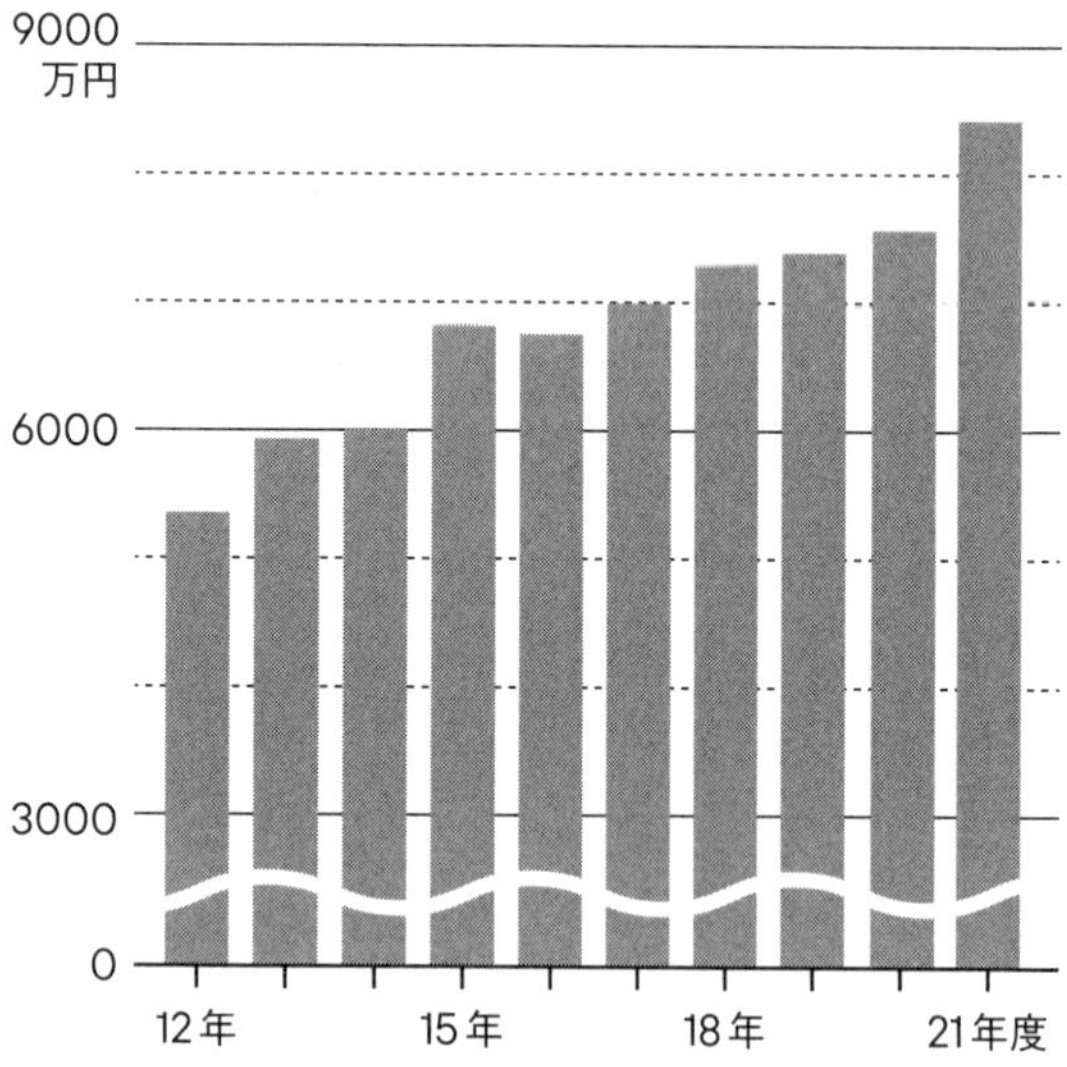

※不動産経済研究所調べ

2022年6月5日付東京新聞「東京23区の新築マンション平均価格は8449万円 バブル期超え最高値」中のグラフをもとに作成

ル期を超え、8449万円と過去最高を記録しました。8000万円を超えるのは30年ぶりとのこと。こうした新築マンションの価格高騰の背景としては、慢性的な人手不足による建設費の上昇があげられています。

そもそも新築物件は、「真新しい部屋は賃料を高く設定できる」というプレミアム賃料を理由にして、**一般に販売価格が割高に設定されています**（要するに販売業者側の利益がふんだんに価格に上乗せされているわけです）。

そのため、投資した資金を回収し十分な収益をあげるまでの道のりが長くなることが避けられません。まして、価格が高騰している現在の状況では、新築ワンルームで利益をあげることはほとんど困難といってよいでしょう。

一方、中古のワンルームマンションであれば、先に述べたようにほとんどリスクがない状態で、堅実に収益をあげることができるのです。

立地選択のポイントを知る

不動産投資はある程度の期間、物件を保有することが求められます。その間に賃貸物件に対する地域の需要や家賃相場が変動したり、不動産価格の相場が変化したりすると、あらかじめ立てた収支計画が崩れかねません。

将来的に価値が下がらない物件を選ぶことが大切なのですが、重要なカギとなるのは物件が立つ場所の特性です。具体的には左記のようなポイントをチェックして立地を選ぶことで、物件に対する需要を維持し価値の下落を防ぐことができます。

①最寄り駅までのアクセス

ワンルームマンションの場合、もっとも重視されるのは都心部や最寄り駅へのアクセスです。駅徒歩10分は特に入居の目安とされます。不動産広告では分速80メートルで歩くものと仮定されているので、駅を中心とする半径８００メートル圏内にあれば、条件を満たしているといえます。

現地を確認する際には駅と物件を結ぶルートを、自分の足で歩いてみるとよいでしょう。「街灯がきちんとついている」「歩道が広く安心して歩ける」などの様子が確認できたら、女性や高齢者でも安心して居住できるので、より幅広いニーズがある物件と判断できます。

②対象層が好む施設の有無

単身者はファーストフード店やコンビニエンスストア、コインランドリーなどをよく利用する傾向があります。一方、風俗店やカラオケ店、スナックなどは対象層によってはあまり好まれないため、注意が必要です。

③街の雰囲気

案内パンフレットを見ただけではわかりにくいのが街の雰囲気です。おしゃれな街並みが好きな人もいれば、下町が好きな人もいるので、街並みに良し悪しはありませんが、想定している対象層の好みに合うかどうかはチェックしておいたほうが安心できます。

④近隣の開発計画

街並みについては現在だけでなく将来の形も把握しておきたいところです。大きな開発が予定されているなら、街が活気付き需要は高まるかもしれません。もし「大きな工場が建設される」などの情報が得られたら、工場従業員の入居が期待できる一方、騒音で入居率が下がる心配もあります。

新耐震基準の建物を選べば震災リスクを軽減できる

地震、台風、水害……日本は世界的に見ても自然災害の多い国です。特に近年は地球温暖化の影響もあって天災のリスクが非常に高まっています。物件選びの際にも、天災に強いか否かを重要視することが必要です。

まず、地震に関しては第一に新耐震基準以降の物件を選ぶことが必須です。1981年6月1日に建築基準法が改正され、耐震に関する新たな基準が設けられました。それまでの建物が基準としてきたいわゆる旧耐震基準では、「震度6を超えるような大規模地震」については規定がありませんでした。

新基準では「中規模地震では軽微な被害にとどめること」が求められ、大規模地震についても「倒壊しないこと」が条件付けられました。震度6を超えるような地震でも人命が失われないよう、耐震基準が強化されたのです。

まだ旧耐震基準の建物が数多く残っていた、1995年に発生した阪神・淡路大震災では、家屋の倒壊等により死亡した人が神戸市内で83％にのぼっていたことからも、新耐震基準に大きな効果があることは明らかです。

また、2011年に発生した東日本大震災では、旧耐震基準で設計された建物に大きな被害が出た一方で、新耐震基準に基づいて設計された建物の被害は小さくてすみました。

さらに、震災リスクを軽減するためには、住宅性能評価で耐震等級3と評価されている物件を選択するとよいでしょう。

住宅性能評価は、前述の「品確法」によって導入された「住宅性能表示制度」に基づくもので、住まいについて10の分野を設け、それぞれについて数値や等級で評価する仕組みになっています（94ページの表参照）。耐震性については3段階の等級で示されて

【図6】住宅性能評価

区分	等級など
①構造の安定	耐震等級、耐風等級、耐積雪等級など
②火災時の安全	感知警報装置設置等級、耐火等級など
③劣化の軽減	劣化対策等級
④維持管理・更新への配慮	維持管理対策等級、更新対策
⑤温熱環境	省エネルギー対策等級
⑥空気環境	ホルムアルデヒド対策、換気対策など
⑦光・視環境	単純開口率、方位別開口比
⑧音環境	重量床衝撃音対策など
⑨高齢者等への配慮	高齢者等配慮対策等級
⑩防犯	開口部の侵入防止対策

【図7】耐震等級

1-1 耐震等級（構造躯体の倒壊等防止）		地震に対する構造躯体の倒壊、崩壊等のしにくさ
	3	極めて稀に（数百年に一度程度）発生する地震による力（建築基準法施行令第 88 条第 3 項に定めるもの）の 1.5 倍の力に対して倒壊、崩壊等しない程度
	2	極めて稀に（数百年に一度程度）発生する地震による力（建築基準法施行令第 88 条第 3 項に定めるもの）の 1.25 倍の力に対して倒壊、崩壊等しない程度
	1	極めて稀に（数百年に一度程度）発生する地震による力（建築基準法施行令第 88 条第 3 項に定めるもの）に対して倒壊、崩壊等しない程度
1-2 耐震等級（構造躯体の損傷防止）		地震に対する構造躯体の損傷（大規模な修復工事を要する程度の著しい損傷）の生じにくさ
	3	稀に（数十年に一度程度）発生する地震による力（建築基準法施行令第 88 条第 2 項に定めるもの）の 1.5 倍の力に対して損傷を生じない程度
	2	稀に（数十年に一度程度）発生する地震による力（建築基準法施行令第 88 条第 2 項に定めるもの）の 1.25 倍の力に対して損傷を生じない程度
	1	稀に（数十年に一度程度）発生する地震による力（建築基準法施行令第 88 条第 2 項に定めるもの）に対して損傷を生じない程度

財団法人ベターリビングによる「新築住宅の住宅性能表示制度ガイド」をもとに作成

います。大規模地震でも倒壊しない耐震等級1に比べ、等級3はさらに1・5倍の地震に耐える強度が保証されているので、大きな地震にあっても、被害をより小さく抑えられる可能性が高まります。

それから、購入後の話になりますが、地震保険に加入しておくこともリスク対策になります。

水害のリスクはハザードマップで確認する

また、近時は地震とならんで水害のリスクが強く意識されており、金融機関の中には1階の部屋には融資しないというところもあります。

このような水害リスクのある物件を避けるためにはハザードマップを活用するとよいでしょう。

ハザードマップとは、自分の住んでいる地域や会社周辺で台風、大雨、地震といった災害が起こったときに、どこにどのような危険があるか、また、災害が起こった場合はどこに避難したらよいのかという情報を地図上にまとめたものです。各自治体の市区町村役場や国土交通省で無料で配布されていますし、またそれらのオフィシャルサイトからデータをダウンロードすることも可能です。

たとえば、国土交通省のハザードマップポータルサイトでは、全国の災害時の危険箇所や避難経路、避難場所など、災害時に自分や家族の命を守るための情報を入手することができます。

ハザードマップポータルサイトは、「重ねるハザードマップ」と「わがまちハザードマップ」に分かれており、自分の知りたい情報に合わせて使い分けることができます。

まず、「重ねるハザードマップ」では、防災に役立つ災害リスク情報などを地図や写真に重ねて表示することで、災害時の危険箇所や災害によってどんなリスクが起こる

【図8】国土交通省のハザードマップ

国土交通省の「ハザードマップポータルサイト」より

可能性があるのかを確認することができます。

一方、「わがまちハザードマップ」では、全国の市町村が作成したハザードマップを災害の種類から検索することができます。

一番のお勧めは「都府県分散型投資」

不動産業者の中には、新築物件の「まとめ買い」を提案してくるところもあるかもしれません。「まとめて買えば、一つだけ買う場合に比べてお安くなりますよ」と新築物件の複数購入を促してくるわけです。

しかし、このような**新築まとめ買いは、全くお勧めしません。**率直に言えば、ナンセンスな買い方だと思います。

新築をまとめて購入する手法は、最初から大きな借入れを行うために、その後の資金調達に支障が生じ、資産運用の選択肢が大きく狭まってしまうおそれがあります。

つまりは、自由な投資が行えなくなるわけであり、自分の手足を縛るのに等しい行為といえます。

一方、新築まとめ買いではなく、中古まとめ買いによる資産形成は、運用後の出口戦略も含めて、分散投資の効果が期待できるのでむしろフットワークは軽くなり、効率的な不動産運用が可能になると考えています。

中でもお勧めしたいのは東京をメインにしつつ、それ以外の府県に存在する物件にも分散しながら投資していく「都府県分散型投資」です。

東京を仕事や生活の拠点としているような場合、「東京の物件に投資したい」という意向を強く持っている人が少なくないかもしれません。

しかし、不動産はモノですので、なかなかこれはという物件が市場に出ないこともあります。ことに東京の山手線内では、近時、コストと資産価値、収益力のバランスのとれた好物件が少なくなっています。そのような状況の中で都内に是が非でも買おうとすると、「資産性」「収益性」「利便性」の観点から見て、水準をはるかに下回る物件をつかまされることにもなりかねません。

何も無理に**東京にこだわる必要はない**はずです。高いポテンシャルをもった魅力的な物件は他の都市部にも存在します。

たとえば関東であれば、横浜、大宮、西川口なども有望です。また、ぐっと西側に目を向ければ、京都市内、大阪の梅田、神戸の三宮、福岡の博多などには資産価値のある、長きにわたって収益をあげ続けられる物件が数多くあります。特に、福岡は現在、めはしのきいた不動産業者が先物買いに走っており、今後、このエリアの物件の資産価値は大きく向上する可能性を秘めています。

ちなみに、銀行やノンバンクなど各金融機関も、横浜、名古屋、京都、大阪、神戸、福岡などの成長が見込まれるエリアにある不動産に対しては積極的に物件評価査定をしてくれます。

潜在的な賃貸ニーズがしっかりとある複数のエリアで、長期的に家賃収入を継続して取り続けていくことができれば、リスクを抑えて出口も見据えながら着実に資産形成を行っていけるはずです。

また、このように保有する物件のエリアを分散することで、万が一、大規模地震等が発生したような場合にも、被害を最小限に抑えられるでしょう。

地方の割安物件は基本的に手を出さないのが無難

なお、〝都府県分散型投資〟は東京以外のエリアに広く目を向ける投資手法ですが、購入対象となる不動産は、あくまでも「資産性」「収益性」「利便性」を備えた物件であることが必須となります。

不動産業者の中には、「利回りが10％あります！」などと地方の高利回りで格安な物件を勧めてくるところもあるかもしれません。

しかし、地方では人口減少と過疎化が進んでいるエリアが少なくありません。そうした場所で運用されているマンション・アパートは今後、賃貸需要が急速に減少していくおそれがあります。

たとえ今は10％の利回りが見込めたとしても、入居者が集まらなくなれば、5％、3％、1％……とみるみるうちに低下していきます。あげくの果てには賃借人が全くいなくなるリスクもあるのです。

そのため、**地方の割安な物件に関しては基本的に手を出さない**ことが無難です。よほど破格な値段（相場の半値以下など）で買えるのか、あるいは近くにトヨタなどの大手自動車メーカーの工場があって、社員の寮として借り上げてもらっているといったような、この先も入居者を確保できる可能性が極めて高いと判断できる特別な事情がない限りお勧めしません。

金融機関の不動産投資に対する融資姿勢はどうなっているのか

先に述べたように、不動産投資は金融機関から融資を得て行うことになります。ここで、不動産投資で使うローン（不動産投資ローン）の基本的知識や現在の融資状況について確認しておきましょう。

まず、不動産投資ローンの金利には大きな幅があり、提供する金融機関によって異なります。一般にメガバンクは金利が低め、地方銀行や信用金庫、ノンバンクは金利が高めとなっています（総じて住宅ローンに比べればどこも高めです）。融資を受ける人の属性や担保物件の価値などによっても利率には差が出るので、そうした借り手個人ごとの状況を踏まえたうえで最終的には各金融機関との交渉で決まると考えることができます。

また、**固定金利も選べる住宅ローンとは異なり、不動産投資ローンの場合にはほとんどが変動金利**です。

固定金利はローンの返済が終わるまで金利が変わりませんが、変動金利は金利が変わる可能性があります。つまり、将来的に、ローン契約時よりも金利が高くなるリスクがあるわけです。金利が上昇すると月々の返済金額が変わり、支払いの負担が重くなるので注意が必要です。

さらに不動産投資ローンの融資状況について述べると、つい数年前までは投資用不動産への融資に対して金融機関の多くは非常に前向きでした。不動産に投資することが全く初めてという人に対しても積極的に融資し、返済期間や融資額などの融資条件は大幅に緩和されていました（その背景としては、いわゆるアベノミクスのもと極端な金融緩和政策がとられていたことがあげられます）。

しかし、2018年に発覚した〝かぼちゃの馬車事件〟などの影響もあって、銀行やノンバンクは不動産投資への融資を引き締めています。融資審査では申込者の属性が厳しくチェックされ、特に年収が一定額に達していないとすぐにはじかれてしまいます。もっとも、この収入条件に関しては、第2章でも触れたように安定して高い年収が得られる医師に関しては基本的に問題にならないでしょう。

医師には億を超える融資枠が用意されている

不動産投資から得られる収益は、所有する物件の数が多ければ多いほど増えていきます。そこで、どれくらいの金額まで買えるのか、逆にいえば金融機関からどれだけの額のお金を借りられるのかが気になるところでしょう。

個々の収入や金融機関の融資方針等によっても変わるのですが、1000万円以上の年収があれば1億円以上は調達することができます。より具体的に述べると、某金融機関では、1000万円以上であれば最大で16倍の融資枠を用意しています。

ちなみに私の会社の医師のお客さんの中には、銀行から3億円借りて15件のワンルームマンションに投資している方もいます（借入の総額により実際の調達額は変わります）。ただし、融資の審査を受けるためには原則として3期分の源泉徴収票を提出しなければならないので、25歳以下の人はローンを使うことが難しいのが現実です。さらに年齢が過度に高くなると融資を得にくくなります。

ローンのことを考えると、不動産投資は可能な限り早く始めるのが得策といえるでしょう。

なお、ローンを検討する際には「少しでも金利の低い金融機関で借りたい」という気持ちが生まれるかもしれませんが、支払った金利は経費として計上できるので、少々の利率の違いは、節税の効果によってある程度、相殺可能ともいえます。ですので、金利については必要以上に気にしないでよいかもしれません。

商業物件には大きな可能性がある

ここまで物件選びのポイントなどについて触れてきましたが、不動産投資の対象としてはマンション、アパート、戸建てなどの住居系不動産のほかに、もっぱら企業などの事業者が賃借人となるオフィス物件、商業物件もあります。不動産投資を進めていく中では、これらの物件についても投資対象として検討する機会が出てくるかもしれません。そこで、この2つについても参考までに触れておきましょう。

まず、オフィス物件に関しては、マンションと同様に区分オフィスを取り扱っている不動産業者がありますし、成功すれば住居系不動産よりも利益率が高くなる可能性があります。

しかし、コロナ禍の中で、リモートワークを取り入れる企業が増えたこともあり、オフィスのテナント入居率はさえない状況にあります。「効率的な労働環境こそが最大のパフォーマンスを生む」と考える経営者が増える中で、オフィスをリモート化する動きはこれからますます強まるはずです。そのため、テナント貸しを目的としたオフィス物件への不動産投資は、今後厳しくなるのではないでしょうか。

一方、商業物件については大きな可能性が秘められていると、個人的に考えています。それはオフィスに比べても、投資対象としてははるかに多様な活用方法があり得るからです。

一例を示すと、商業用不動産に投資しているある個人投資家の方は、東京の広尾商店街で居抜きの状態で購入した物件を、厨房やカウンター、開業に必要な設備をすべて揃えて、さらに付加価値を高めるデザインを施したうえで短期的な貸し出しを行い、大きな収益をあげています。

この例が示すように、今の時代に即したニーズを適切にとらえて創造力を発揮した活用を行うことで、物件の収益力を大幅に向上できる可能性があることは、商業物件ならではの大きな魅力です。

私の会社でも商業物件の取得から、その後の開発事業まで手がけています。たとえば、ビルの一階にある一室を、広く注目を集められるような設計上の工夫を施したうえで商業施設として自社で利用し、話題を集めたうえでテナント貸しすることも考えています。

借りる側からすれば、はじめから認知度が高い状態で店を始められるので、十分な集客が見込め、高い収益も期待できます。

このように開業リスクを最小限に抑えられるというプラスアルファの価値を備えた商業物件の開発も検討しているところです。

土地を所有している場合は不動産投資の幅がより広がる

なお、もしすでに土地をもっているような場合には、こうした商業施設とマンションを組み合わせた企画をすぐにでも行うことが可能です。具体的には土地の上に一棟マンションを建設した後、一階には飲食店などの店舗を誘致して、二階以上は住居として賃貸するのです。

また、土地の活用方法としては、戸建て住宅を新築して賃貸することも考えられます。

実際、私たちは過去に、横須賀で在日米軍基地の駐在員向けに戸建ての賃貸住宅を開発したことがあります。アメリカ人は一般に休日になると家族や友人らとバーベキューを楽しむので広い庭のある戸建てに対する需要が大きく、貸し出したオーナーは大きな収益を得ていました。

土地に関してはこうした収益性の高い企画の提案も含めたトータル的なコンサルテ

ーションが可能であると考えています。

第4章

知っておきたい不動産と税金の話

お金が貯まらないのは税金の負担が重いから

税金を払うのは国民の義務であり、また企業は法人税等を納めることで社会に貢献することができます。そのため、私は個人としてはもちろん、会社としてもしっかりと持続的に利益をあげて、税金を納め続けることにこだわってきました。

ただ一方で、税金を正しくマネジメントするためのノウハウを知っておくことも非常に大切であると考えています。たとえば、前述したように所得税には医療費控除をはじめ種々の控除制度があります。それらを使えば税金の額を多少なりとも減らすことが可能ですが、控除に関する知識がなければそうした制度を適切に利用することはできません。

このように公に認められている手段を使って税金の負担を減らすことは、当然、全く問題のないことです。そして不動産投資は、第2章で触れたように、それを行うことによって結果的に税負担の軽減につなげられる最も効果的な手段の一つです。しかも、法律や公のルールになんら反することなくです。

医師の方々の中には、「毎月、これだけもらっているのになぜかお金が貯まらない」と思っている人が少なくありません。その大きな原因の一つは、おそらく納めている税金が多いことにあるはずです。

しかし、所得税・住民税は毎月の給与から天引きされているので、実際にどれだけ取られているのか気づきにくいところもあります。

私の会社では不動産投資をサポートする際に、**これから支払うことになる税金の額**を細かく具体的に示しています。すると、「こんなに大きな額になるのか！」と驚く人が少なくありません。

毎月、毎月、大きな額の税金が給料から引かれ続けている――そのような収支の構造を何もせず放置したままでいるのと、そうではなく何らかの対策手段を講じて意識的に変えていくのとでは、最終的に手元にもたらされる資産の額に大きな開きが生じるはずです。

不動産投資を行うことで、税金に対する意識は確実に変わります。また、不動産オーナーとなり新たな収支のバランスを作ることで、それをコントロールする方法を知ることも可能となるのです。

不動産投資でかかる税金を知る

不動産投資がどのような形で節税対策になり得るのかを示す前に、まずは不動産の購入や管理等によって発生する可能性のある税金について確認しておきましょう。

以下のように不動産投資には様々な税金が関わってきますし、その中には後ほど解説するように経費として計上できるものもあります。

①不動産取得税

不動産購入時に一度だけかかる税金で、税率は固定資産税評価額の4%とされています。なお2024年3月31日までに取得された物件の土地及び住宅部分については軽減税率が適用され3%となります。

②登録免許税

不動産を購入する際には、所有権保存登記や移転登記、ローンを利用する場合には抵当権設定の登記が行われます。その際に課されるのが登録免許税です。税率は、建物の所有権保存登記については法務局が認定する価額の0・4％、土地の移転登記については固定資産税評価額の2％、建物の移転登記については固定資産税評価額の2％、抵当権の設定についてはローン金額の0・4％となります。また、以上は原則であって、住宅用家屋の登記にかかわる登録免許税に関しては様々な軽減税率が設けられています。

③印紙税

不動産の売買や住宅ローンの契約書を交わす際には、記載金額に応じて印紙税を納めなければなりません。たとえば売買に関しては、117ページにある表の通り売買代金によって金額が異なります（2024年3月31日までは「不動産売買契約書」及び「工事請負契約書」の印紙税に関して軽減措置が設けられています）。

④消費税

建物の売主が法人の場合に支払いが必要になります。税率は10％です。土地の売買代金については消費税が課されません。

⑤固定資産税・都市計画税

どちらも不動産の所有者に対して毎年課税される税金で、不動産の所在する市区町村に納めます。固定資産税の税率は固定資産税評価額の1・4%、都市計画税は自治体によって異なりますが、最高で0・3%です。

⑥相続税

相続や遺贈により、基礎控除額を超える財産を取得したときに課されます。基礎控除額は「3000万円+(600万円×法定相続人の数)」です。たとえば、法定相続人が2人いた場合には、4200万円を超える財産を相続したときに相続税が課されるわけです。

⑦贈与税

年間110万円を超える財産の贈与があった場合に、贈与を受けた者に課される税

【図9】印紙税額の一覧表

記載金額	印紙税額
1万円未満のもの	非課税
10万円以下のもの	200円
50万円以下のもの	200円
100万円以下のもの	500円
500万円以下のもの	1,000円
1,000万円以下のもの	5,000円
5,000万円以下のもの	10,000円
1億円以下のもの	30,000円
5億円以下のもの	60,000円
10億円以下のもの	160,000円
50億円以下のもの	320,000円
50億円を超えるもの	480,000円
記載金額のないもの	200円

国税庁ホームページをもとに作成

金です。

以上のうち、⑥相続税と⑦贈与税の二つは、不動産投資に付随して必ず発生する税金というわけではありません。しかし、相続税対策や贈与税対策の一環として不動産が活用されることがあり、不動産投資と関わりの深い税金といえることから、あわせて取り上げておきました（相続税対策のために不動産投資をどのように活用するのかについては、後ほど詳しく解説します）。

「損益通算」によって税負担を軽減できる

不動産投資がなぜ、節税対策となり得るのか――その理由は「損益通算」の仕組みにあります。

「損益通算」とは、ある事業で出た損失（赤字の所得）を別の仕事や事業で得た所得から差し引くことです。不動産投資に即していえば、不動産所得が赤字だった場合、その赤字分を給与所得から相殺できるわけです。その結果、実際の収入は変わらないままに**帳簿上の給与所得が少なくなるので、所得税は減る**ことになります。

所得は税法上、その性質ごとに10のカテゴリに区分されています（120ページ表参照）。給与所得と損益通算できるのは10区分のうち「不動産所得」「事業所得」「山林所得」「譲渡所得（の一部）」の4つだけです。ちなみに株式投資やFXで得た所得は雑所得に区分されるため、給与所得とは損益通算できません。

不動産投資を行う中では、物件の購入時はもちろん、管理の過程でも様々な形で経費が発生します。そうした経費を計上した結果、年間の不動産所得が赤字になることは珍しくありません（ただ年間所得が赤字になったとしても、不動産投資全体の利益はプラスになるよう周到に計算されていますのでご安心ください）。

そもそも、勤務医の所得税が高くなりがちなのは、経費がほとんど認められていないことに理由があります。そのため、年収と所得税の対象となる課税所得の額が限りなく近くなり、税率が高くなってしまうのです。

「損益通算」の仕組みを利用することで、そのような収支の構造に風穴を開けることが可能となるのです（121ページ表参照）。

【図10】 所得の種類

区 分	概 要
①利子所得	預貯金や公社債の利子ならびに合同運用信託、公社債投資信託および公募公社債等運用投資信託の収益の分配に係る所得
②配当所得	株主や出資者が法人から受ける配当や、投資信託（公社債投資信託および公募公社債等運用投資信託以外のもの）および特定受益証券発行信託の収益の分配などに係る所得
③不動産所得	土地や建物などの不動産、借地権など不動産の上に存する権利、船舶や航空機の貸付け（地上権または永小作権の設定その他他人に不動産等を使用させることを含む）による所得（事業所得または譲渡所得に該当するものを除く）
④事業所得	農業、漁業、製造業、卸売業、小売業、サービス業その他の事業から生ずる所得（ただし、不動産の貸付けや山林の譲渡による所得は、原則として不動産所得や山林所得になる）
⑤給与所得	勤務先から受ける給料、賞与などの所得
⑥退職所得	退職により勤務先から受ける退職手当や厚生年金基金等の加入員の退職に基因して支払われる厚生年金保険法に基づく一時金などの所得
⑦山林所得	山林を伐採して譲渡したり、立木のままで譲渡することによって生ずる所得（ただし、山林を取得してから５年以内に伐採または譲渡した場合には、山林所得ではなく、事業所得または雑所得になる）
⑧譲渡所得	土地、建物、ゴルフ会員権などの資産を譲渡することによって生ずる所得、建物などの所有を目的とする地上権などの設定による所得で一定のもの（ただし、事業用の商品などの棚卸資産、山林、減価償却資産のうち一定のものなどを譲渡することによって生ずる所得は、譲渡所得とならない）
⑨一時所得	上記利子所得から譲渡所得までのいずれの所得にも該当しないもので、営利を目的とする継続的行為から生じた所得以外のものであって、労務その他の役務の対価としての性質や資産の譲渡による対価としての性質を有しない一時の所得。例えば、懸賞や福引の賞金品、競馬や競輪の払戻金、生命保険の一時金や損害保険の満期返戻金など
⑩雑所得	上記利子所得から一時所得までの所得のいずれにも該当しない所得。例えば、公的年金等、非営業用貸金の利子、原稿料など副業に係る所得など

国税庁ホームページをもとに作成

【図11】損益通算の仕組み

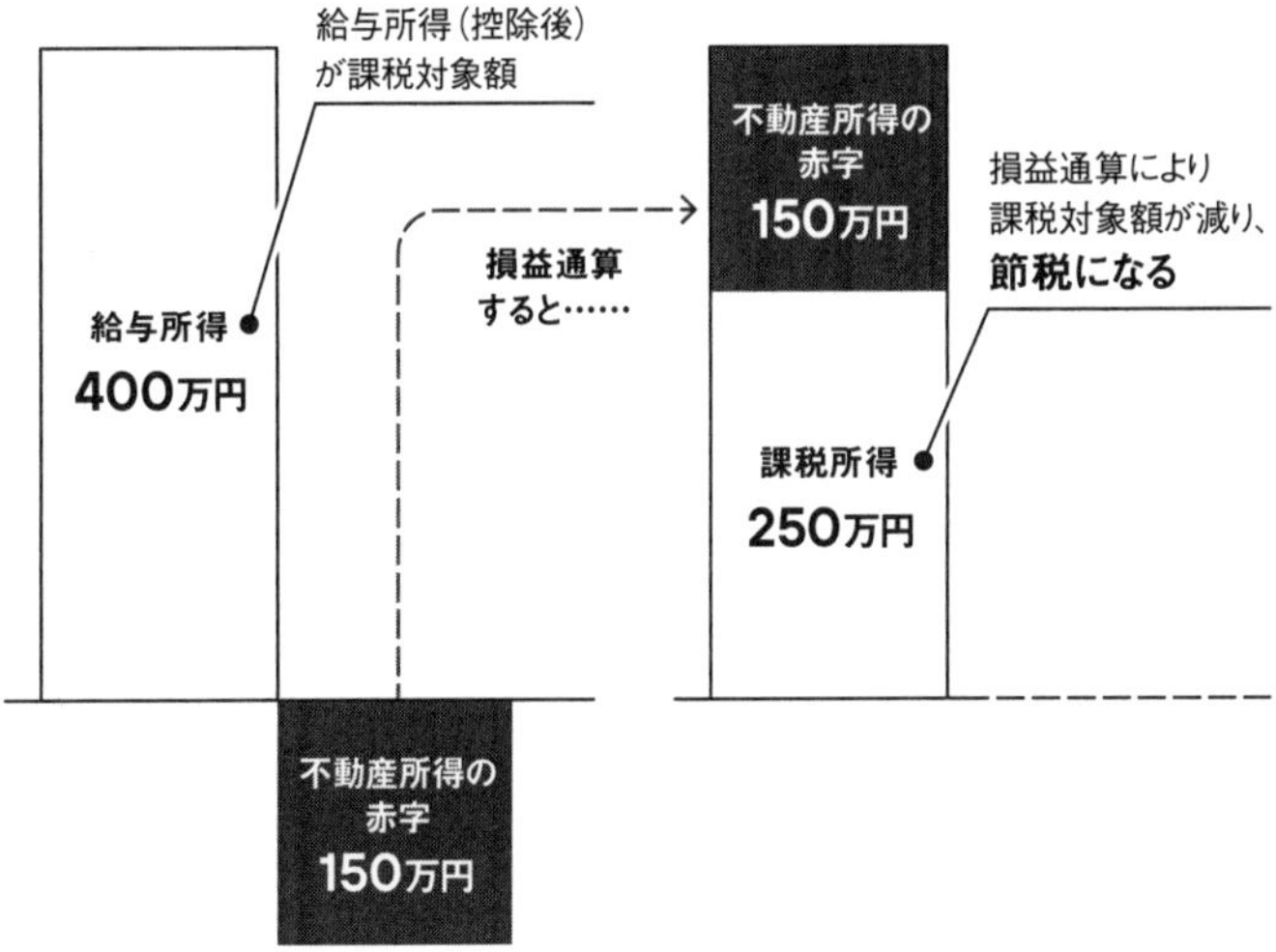

繰越損失を使えば節税効果はさらに高まる

また、税金を申告する際には、青色申告で行えば節税効果をさらに高められるでしょう。青色申告とは、複式簿記等の手法に基づいて帳簿を記載することを条件として種々の税制上の特典が認められている申告方式です（通常の申告方式は白色申告といいます）。

その税制上の特典の一つに、繰越損失という制度があります。これは、損益通算によって相殺することができない損失（赤字）については、翌年以降に最大で3年間繰り越しできるというものです。

つまり、ある年の不動産からの収益が黒字だったとしても、繰越損失を使うことによって、最終的には不動産所得を赤字にできる場合があるのです。

なお、不動産投資による節税効果は物件を購入した初年度に特に大きくなります。物件購入の際に支払う諸費用は合算すれば軽く数百万円になり、それを経費として計上できるためです。

どのような費用が経費として計上できるのか

損益通算を最大限に活用するためには、確定申告を行う際に経費として計上できる費用を漏れ落とさないことが大切になります。

「何が経費になるのか」については判断しにくいところもありますが、基本的には物件の購入や管理・運営等のために必要となる費用であれば広く経費になると考えてよいでしょう。

たとえば、賃貸に出す時には、SUUMO（スーモ）やアットホームなどの不動産ポータルサイトに物件の写真を掲載します。その写真を撮影するために使うという理由であれば、デジタルカメラの購入費用も経費に含めることが可能です。

どのようなものが一般に経費として認められているのか、主なものをあげておきましょう。

Ⅰ　購入時の費用

・司法書士手数料

物件の登記を司法書士に依頼する際の手数料で、一般的には10万～15万円程度です。

・ローン手数料

融資を受ける際、金融機関に支払う手数料です。一般的には5万円から融資金額の2％程度かかります。

・ローン保証料

ローン保証の代金として保証会社に支払うものです。支払期間によって金額が異なります。

・団体信用生命保険料

ローンを組む際には、債務者が死亡した場合や高度障害を負った場合などに残債を清算できるよう団体信用生命保険への加入が義務付けられています。保険料は通常、金利に含まれているので、ローンの支払いと別立てで支払う必要はありません。

・火災保険料

火災により物件が損傷を受けた際に保証してくれる火災保険の保険料です。近年では地震保険を付加するケースも増えています。

Ⅱ 管理・運営時の費用

・ローン返済のうち利息分

不動産投資ローンを利用する場合には、返済額のうち利息分を経費として計上することができます。

・修繕費

破損した施設や設備を修繕するために要する費用や、入退居時に必要な内装のリフォーム費用などです。

・建物管理費

共用部の清掃などにかかる費用や、エレベーターなど共用施設を管理する会社に対して毎月支払う代金です。

・修繕積立金

あらかじめ定められている計画に沿って行われる大規模修繕のために積み立てる費用です。マンションによっては売却時にオーナーに返却するよう定められているケースがあります。その場合には経費として計上できません。

・賃貸管理費

入居付けや家賃の集金、入居者トラブルの対応、入退居時の対応など賃貸業務を代行する会社に支払う代金です。

・税理士費用

確定申告を依頼する税理士に支払う費用です。

・その他雑費

管理会社に連絡をする機会があるなら、電話代など通信費の一部、自動車で物件を見に行くことがあるなら車の維持にかかる費用の一部やガソリン代の一部などが費用になります。

Ⅲ　公租公課

不動産取得税、固定資産税や都市計画税、登録免許税、印紙税など、不動産投資に関係して納めた税金も経費になります。

これらのほかに「減価償却費」も経費計上できます。減価償却費の仕組みは若干複雑であるため、項を改めて説明しましょう。

減価償却の仕組みを活用することで多額の経費を計上できる

投資用不動産の減価償却費は、節税対策の最も重要な柱といえます。というのも、経費として計上できる額がずば抜けて大きいからです。

まず基本的なことから説明すると、資産の中には、建物や機械などのように時間の経過とともに価値が減少していくものがあります。このような資産については一括して経費計上することができず、税法で定められた耐用年数（法定耐用年数）に応じて分割しながら計上する処理を行うことが求められています。これを「減価償却」といい、計上される費用を「減価償却費」といいます。

たとえば、減価償却が求められる500万円の資産を購入した場合、法定耐用年数が10年ならば、その間に毎年50万円ずつ購入費用を経費として帳簿に計上できるのです。

建物の法定耐用年数は、構造によってそれぞれ異なります。RC造とSRC造の場合は47年、鉄骨造は鉄骨の厚みに応じて19～34年、木造は22年となっています。

ちなみに減価償却できるのは経年とともに価値が減っていく資産だけなので、土地部分は減価償却できません。土地と建物を分けて建物部分だけを減価償却することになります。

そのため、投資用不動産を購入した際には、**建物と土地の価格の割合が大きなポイント**となります。建物の方が割合が多ければ、それだけ多くの減価償却費を計上できることになるわけです。

マンションの場合、一般的に建物が70%、土地が30%の比率になることが多いのですが、関西では50%対50%になる例もみられます。

さらに建物を建物本体と設備に分けて減価償却を行うことも可能です。電気設備や給排水などの設備の耐用年数は15年と短いため、設備の比率が大きくなれば減価償却費を利用した節税効果はより大きくなります。

実例で見る〜不動産投資によってどれだけ税金が減るのか？

では、医師の方々が不動産投資を行った場合に、税金の額をどれだけ減らせるのか、実際のケースをもとに確認していきましょう。

①Aさんの例

【外科医・27歳 独身 後期研修医（男性）】

Aさんは、近々、転勤でより多くの症例を経験できる職場に移ることになり、年収も2倍近く上がる予定でした。

〝収入が増えるのはありがたいが、税金の負担が重くなるのは気掛かりだ〟

所得税が増えることが気になったAさんは、仲のよい先輩の甲さんに相談しました。甲さんは、節税を目的として不動産投資を行っており、そのサポートを私の会社が行っていることをAさんに教えました。

「不動産投資をすると税金が安くなるのか、それはよいことを知った」と喜んだAさんからの依頼を受けて、甲さんと同様に、現在、当社でAさんの物件の購入や管理等のお手伝いをしているところです。

不動産投資を行わなかった場合

- 給与収入……………………………1350万円
- 所得金額……………………………1200万円
- 所得から差し引かれる控除金額……190万円
- 課税所得金額…………………………970万円
- 源泉徴収税（所得税）額………………180万円
- 住民税……………………………………98万円

合計　所得税180万円＋住民税98万円＝278万円

不動産投資を行った結果

・給与収入……1350万円
・不動産収入……20万円
・不動産所得金額……マイナス560万円
・所得金額……1200万円
・所得金額合計……590万円
・所得から差し引かれる控除金額……190万円
・課税所得金額……400万円
・源泉徴収税（所得税）額……40万円
・住民税……41万円
合計　所得税40万円＋住民税41万円＝81万円

▼節税額　278万円－81万円＝197万円

②Bさんの例

【内科医・40歳 既婚者 医師（男性）】

大学病院に勤めていたBさんは、奥様にも医師としての収入がありました。ダブルインカムで経済的に余裕のある生活を送っていましたが、子どもが生まれ育児のために奥様が仕事をセーブするようになったことが原因で、世帯収入が減りました。

子どもを将来的に医学部に入れることも考えていたBさんは、〝この先、まだまだ養育費や教育費もかかるし、収入やお金の使い方をもう少し工夫できないだろうか〟と思案した末に、友人（医師）の勧めもあって私の会社で不動産投資に取り組むことになりました。

不動産投資を行わなかった場合

- 給与収入……………………………2290万円
- 所得金額……………………………2100万円

・所得から差し引かれる控除金額……200万円
・課税所得金額……1850万円
・源泉徴収税（所得税）額……230万円
・住民税……180万円
合計　所得税230万円＋住民税180万円＝410万円

不動産投資を行った結果

・給与収入……2290万円
・不動産収入……530万円
・不動産所得金額……マイナス1200万円
・所得金額……2100万円
・所得金額合計……850万円
・所得から差し引かれる控除金額……200万円
・課税所得金額……650万円
・源泉徴収税（所得税）額……90万円

・住民税……………………………………………115万円
合計　所得税90万円＋住民税115万円＝205万円

▼節税額　410万円－205万円＝205万円

③Cさんの例

【内科医・45歳 独身 医師（女性）】

2000万円を超える年収を得ていたCさんは、日々の生活を悩み事や不安も特になく送っていましたが、友人（医師）たちが毎年工夫して節税を行っていることを耳にしてから、税金のことが気になるようになりました。

〝私は年間で1000万近くも税金を払っているんだな、もう少し何とかできないかしら――〟

あるとき、友人たちと話をしていると節税の話題になりました。その中で「節税と資産運用をトータル的にマネジメントしてくれる会社がある」と耳にしたことがきっかけで私の会社を知り、不動産投資を開始することになりました。

不動産投資を行わなかった場合

・給与収入……………………………2800万円
・所得金額……………………………2600万円
・所得から差し引かれる控除金額……340万円
・課税所得金額………………………1800万円
・源泉徴収税(所得税)額……………720万円
・住民税………………………………230万円
合計　所得税720万円＋住民税230万円＝950万円

不動産投資を行った結果

・給与収入……………………………2800万円
・不動産収入…………………………200万円
・不動産所得金額……………マイナス480万円

・所得金額…………………………2600万円
・所得金額合計……………………2100万円
・所得から差し引かれる控除金額……340万円
・課税所得金額……………………1800万円
・源泉徴収税(所得税)額…………450万円
・住民税……………………………180万円
合計　所得税450万円＋住民税180万円＝630万円

▼節税額　950万円－630万円＝320万円

いかがでしょうか。Aさん、Bさん、Cさんは不動産投資を行ったことにより、行わなかった場合と比べて、納める所得税と住民税の合計額が1年間だけでも100万円単位で大きく減ったことがわかります。さらに、10年、20年先を考えれば、生涯の納税額が数千万円以上、あるいは数億円以上も変わってくるはずです。

このように、不動産投資によって税金の負担を大きく軽減することが可能になりますし、その結果として、手元に残る資産も大幅に増えることが期待できるのです。

購入から5年たって売却するほうが税金は低くなる

先に、不動産を購入する際には不動産取得税を支払わなければならないことについて触れました。不動産投資では、購入時だけでなく売却時にも税金が課される可能性があります。具体的には、物件を売却したときに利益が出た場合です。

このように、不動産を売却したことにより税金が課される所得を「譲渡所得」といいます（給与所得と家賃収入などの不動産所得は損益通算できますが、不動産の譲渡所得は損益通算できないので注意が必要です）。

譲渡所得の額は次の計算式で求められます。

譲渡所得＝①譲渡収入－（②取得費＋③譲渡費用）

①譲渡収入

売却代金のことです。固定資産税の負担に対して買主から日割り計算で支払われる固定資産税精算金も含まれます。

②取得費

物件の購入代金や購入手数料から建物や設備の減価償却費相当分を差し引いた費用です。

③譲渡費用

仲介手数料や司法書士費用、測量費、売買契約書に貼付する印紙代など、売却に際して必要とされる費用です。

譲渡所得に課される税金の税率は、購入から売却までの年数によって変わります。不動産の所有期間が5年を超える場合は「長期譲渡所得」、5年以内の場合は「短期譲渡所得」といい、**短期譲渡所得の方が長期譲渡所得よりも税率が高くなっている**のです。物件購入後5年以内の売却で発生した利益に対しては約39％、5年を超えると約20％となります（2022年9月現在）。

たとえば1億円で購入した物件を1億3000万円で売却した場合、5年以内なら税額は1170万円ですが、5年を過ぎると600万円とほぼ半額です。

したがって、譲渡所得に対する税金の負担を軽減したいのであれば、購入後、5年を超えてから売却することが望ましいといえます。

不動産投資は相続税対策にもなる

相続税に関して、現役世代の場合はあまり意識していないかもしれませんが、資産を持つ人であれば、将来的にその問題に直面する可能性が低くありません。先にも触れたように不動産投資は、同時に相続税対策の役割も果たすことになります。その理由について説明しましょう。

まず基本的なことから確認すると、相続税は所得税と同様に、累進課税制度がとられており、相続する遺産の額に応じて税率が段階的に高くなっていく仕組みになっています（141ページの表に示したように、最高税率は55%となっています）。

国は近年、相続税の課税強化を進めており、2015年には基礎控除を大幅に減らす改正が行われています。その結果、相続税を課税される人の数は、改正以前に比べて2倍近くになりました。

課税があった場合の被相続人1人に対する相続税額の平均は、2020年の時点で約1700万円に達しています。これだけでも相当に大きな金額であるといえますが、相続した遺産の額が億単位になれば、相続税の額も1億円を超えることが珍しくありません。

しかも、相続税は、被相続人が死亡したことを知った日の翌日から10ヶ月以内に、現金一括で納めなければなりません。相続した遺産の中にそれだけの預貯金があればともかく、そうでない場合には、相続人自身の資産を切り崩して納税資金を用意することが必要になるケースもあります。

このように相続税は、残された遺族にとってたいへん重たい負担となる可能性がある税金なのです。そのため、様々な相続税対策の手段がこれまでに考案されてきまし

【図12】 相続税の税率表

法定相続分に応ずる取得金額	税率	控除額
1,000 万円以下	10%	―
3,000 万円以下	15%	50 万円
5,000 万円以下	20%	200 万円
1 億円以下	30%	700 万円
2 億円以下	40%	1,700 万円
3 億円以下	45%	2,700 万円
6 億円以下	50%	4,200 万円
6 億円超	55%	7,200 万円

国税庁ホームページをもとに作成

た。たとえば、その一つに生前贈与があります。

前述のように、相続税の額は相続した財産の額に比例して大きくなります。逆にいえば、相続財産が少なくなれば、相続税の額も小さくなるわけです。そこで、生前から、配偶者や子どもなどに財産を贈与して相続税を減らそうとする試みが広く行われてきました。

この生前贈与は、ただ財産を贈与するだけという非常に簡単な節税手法であり、誰でもすぐに実行できることが大きなメリットなのですが、他方で限界もあります。それは、贈与した財産の額が年間で１１０万円を超えると、贈与税を納めなければならなくなることです。そのため贈与税の負担を避けたいのであれば、生前贈与を１１０万円以下の範囲にとどめることが必要になります。

現金よりも不動産のほうが相続税の評価額が低くなる

生前贈与は、相続時の財産を減らすことによって相続税の負担を軽減するという対策方法ですが、不動産投資が節税対策の手段になる仕組みも、基本的には同じ発想に基づいています。

つまり、不動産を購入することは、同時に所有する資産を生前に減らすことにつながるのです。

「どういうこと？　たとえば1千万円でマンションを買っても、1千万円の価値をもったマンションが手元にあるのだから、資産は減らないのでは？」と怪訝に思われるかもしれません。

細かな説明は省きますが、相続税の対象となる相続財産の資産価値を評価する際に「1千万円のお金」と「1千万円で購入した不動産」は同じ価値をもつとはみなされないのです。後者のほうが前者よりも資産価値を低く評価されます。

しかも、所有する不動産を貸している場合には、自分で使っている場合よりも評価

【図13】 相続税がどれだけ減少したかを示す図

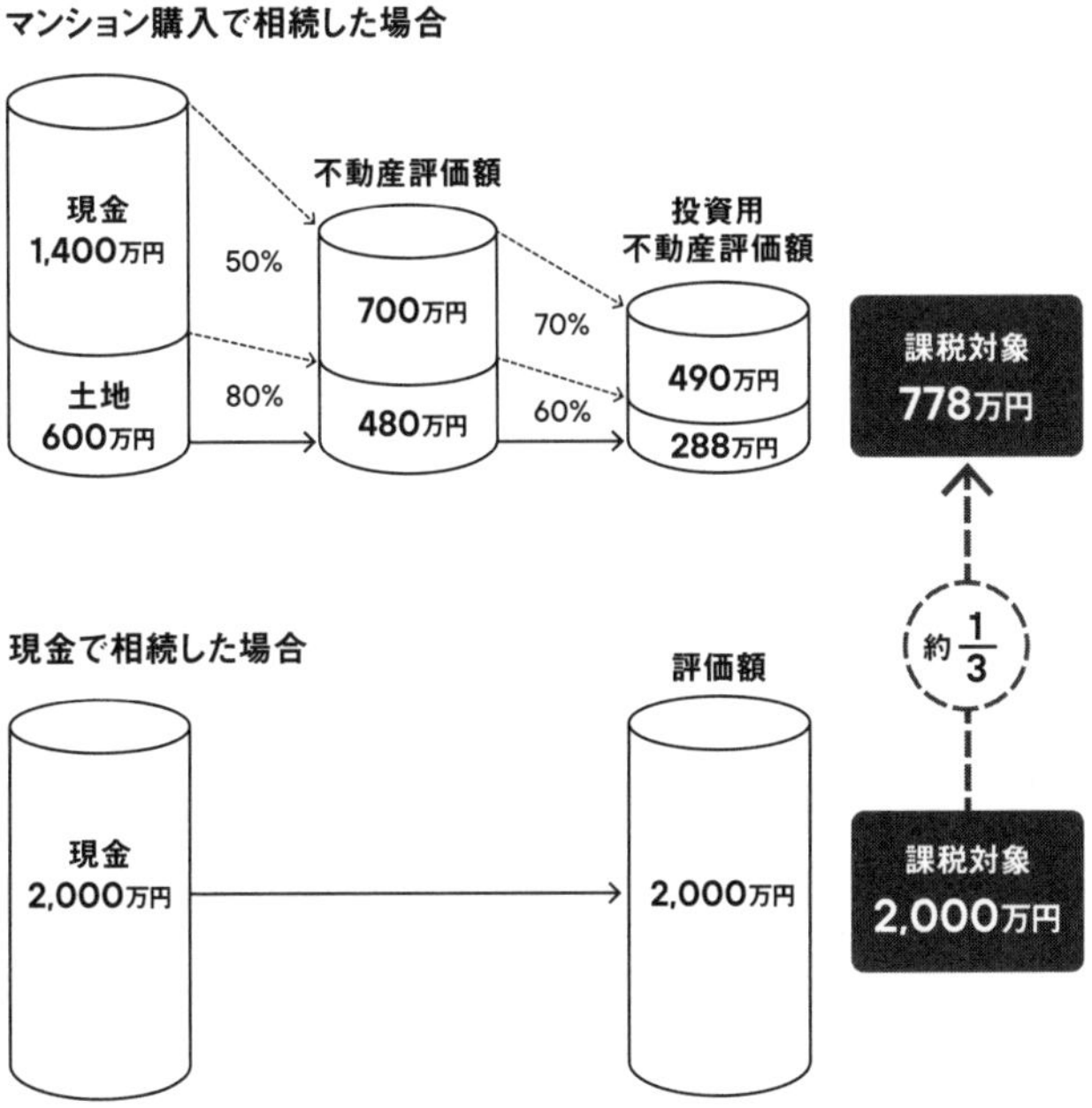

額がさらに低くなります。

このように、不動産投資を行うことによって相続財産の価値を大きく減らすことが可能となります。その結果、相続税の負担も軽減することができるのです。

前ページに、遺族が2000万円を現金のまま相続した場合と、マンションの状態で相続した場合とで、相続税の評価額がどれだけ変わるのかを示しました。ご覧のように購入したマンションを貸し出すことによって、現金の場合に比べて、評価額が3分の1近くも下がるのです。

ただ不動産を購入して賃貸に出す――それだけで相続税の額を大きく減少できる不動産投資は、まさに最強の節税対策の一つといっても過言ではないでしょう。

税金をさらに減らせる法人化のメリットとは?

購入した不動産の運用が順調に進めば、所有する物件の数をもっと増やしたいという思いが生まれてくるはずです。実際、私の会社で不動産投資を行っている医師の方々の中にも、スタートしてすぐに2件目、3件目の物件を購入する人が珍しくありません。

そうやって所有物件の数を増やしていく中で、是非、検討してほしいのが「法人化」です。

第2章で触れたように、不動産投資の幅とチャンスを広げるうえで「法人化」は非常に有効な手段となります。法人の形で不動産投資を進めることによって、個人の場合にはない様々なメリットを享受することが可能となるからです。

まず、第一に節税効果がより一層高まることが期待できます。

不動産投資を個人で行った場合、投資によって得た賃料収入などの所得に対しては所得税が課されることになります。

所得税は前述したように累進課税の仕組みになっており、所得の額が増えれば増えるほど税率は上がっていきます。そして、2022年現在、所得税の最高税率は45%となっています。

一方、法人の場合には、所得税ではなく法人税が課されます。税率は所得金額の大きさに関わらず一律であり、2022年現在は23・2%です。また、軽減税率の特例があり、資本金が1億円以下の中小法人であれば、800万円以下の所得金額に関しては税率が15％になります。

いずれにしても、**所得税の税率に比べれば、負担する税金の額がはるかに低くなる**ことは明らかです。

さらに、「所得分散」によって税負担の軽減を図ることも可能です。具体的には、配偶者や子などの親族を役員や従業員にして給与（役員報酬）を支払うことにより、不動産投資によって得られた所得を分散するのです。

役員・従業員の給与に関しては給与控除が認められています。すなわち、給与所得については、給与等から一定の金額を控除できる仕組みになっています。

法人税の税率の低さに加えて、このように分散される所得について給与所得控除が行われる結果として、個人で不動産投資を行う場合に比べて、最終的な税負担の大幅な軽減が可能となるのです。

また、同じく不動産投資を行うにしても、法人と個人とでは収支構造が大きく異なることになります。個人の場合は控除できる項目も計上できる経費も限られていますが、法人の場合はそれらの幅がより広がるので、経費等のコントロールを柔軟に行えるようになります。

以上に加えて、法人は損失繰越期間が長くなっており、10年間に渡って損失を繰り越すことができます。個人の場合は3年なので、より使い勝手がよくなっているといえるでしょう。

ランニングコストなどの費用を考慮して法人設立を検討する

以上のような所得税の節税効果に加えて、法人化は相続税対策としても大きなメリットがあります。

個人の場合、所有している不動産はそのまま相続の対象になりますが、法人の場合、不動産は法人の所有物となるので相続人には相続されません。つまり、投資した不動産が相続税の負担を免れることになるわけです。

また、法人として売上を伸ばすことができれば、個人の場合に比べて金融機関から融資を受けられる額も大幅に増えるので、手がけられる不動産投資の規模や種類の幅は格段に大きくなります。

このように、法人化には多くのメリットがありますが、法人を設立して維持していくうえでは、相応のコストがかかります。

まず、設立時には設立登記などの手続きのために数万円から数十万円の費用が必要になります。また利益がでなくても、法人住民税は毎年納めなければなりません。その額は最低でも7万円程度になりますし、さらに確定申告等のために税理士に支払う報酬もより高額になるでしょう。

法人を設立して維持するために必要となるこれらの費用を考えると、ある程度の所得の規模がないと法人化は割に合わない可能性もあります。そうしたコストの問題も踏まえて、法人を設立するか否かを決めるとよいでしょう。

ちなみに私の会社では、ワンルームマンションを5室もった段階で株式会社の設立に踏み切った方もいますし、また奥様がネイリストをされていて、その事業も法人で営みたいという理由で会社を作られた方もいます。

なお、法人を設立する場合の選択肢としては、左の表にあげたように①株式会社、②合同会社、③合名会社、④合資会社、⑤一般社団法人の5つが考えられます。一般

【図14】 法人化の際に選択できる法人の種類

①株式会社	会社の債務に関して債権者への弁済責任を負わずに出資義務のみを負担する社員（間接有限責任社員）のみで構成されており、社員の地位が「株式」とよばれる均等に細分化された割合的単位の形をとる会社 ※「社員」は通常の用語とは異なり法人への出資者もしくは構成員という意味
②合同会社	株式会社と同じく間接有限責任社員のみで構成され、大幅な定款自治が認められている会社
③合名会社	会社の債務に関して直接的かつ無限に責任を負う社員（直接無限責任社員）のみから構成されている会社
④合資会社	直接無限責任社員と、会社の債務に関して直接的な弁済責任を負っているが、その責任が一定の範囲に限られている社員（直接有限責任社員）の２種類によって構成されている会社。
⑤一般社団法人	「一般社団法人及び一般財団法人に関する法律」に基づいて設立される社団法人。株式会社等と異なり持分が存在しない。

的には①株式会社を選ぶ人が多いですが、近時は②合同会社や⑤一般社団法人の形で法人化を行う例も少なくありません。

節税効果を最大化するためには税理士選びも大切になる

投資した不動産の運用で得た所得の確定申告は顧問税理士に依頼することになるかと思います。その場合、どのような税理士を選ぶかによって、不動産投資の節税効果に違いが生じることになるかもしれません。

税理士の中には、不動産投資に対する十分な知識や理解を欠いている人もいます。そのような税理士に申告を依頼してしまうと、「これは経費として計上することはできません」などと、**不動産投資をしている者の間では当たり前となっている類いの経費計上さえも認めてもらえない**おそれがあります。

実際、私がすでに投資用不動産を運用している方からの相談に応じるときには、過去の申告書なども見させてもらうのですが、本来であれば何の問題もなく行えるはずの節税対策が全く行われていない例が少なくありませんでした。中にはオーナー自身が節税を望んでいるのにもかかわらず、顧問税理士が対応してくれないケースもありました。ちなみに私の会社では、不動産投資に通じた税理士とチームを組んで、クライアントの税務に関しても全面的にサポートする体制を整えています。

「たとえば、○○に使った費用は経費になりますか?」

「うーん、どうでしょうねえ」

「必要経費なら計上できますか」

「それなら大丈夫でしょう」

などという議論をスタッフと税理士が行いながら、顧客の節税効果を最大化できる新たなタックスマネジメントの戦略を常に模索しているのです。

顧問税理士に対してそれなりの顧問料が支払われている場合、ただ申告書を通り一遍に作成するだけではなく、顧客のために役立つ前向きな提案をしてくれることも、当然に求められているはずです。節税を目的として不動産投資を行うのであれば、そのことをしっかりと理解して、積極的なアドバイスを与えてくれる税理士をパートナーに選ぶことを強くお勧めします。

第5章

利回りを高める物件管理のコツ

管理・運営は信頼できるパートナーに任せることが何より大切

不動産投資は、物件を購入して終わりではなく「出口」まで、すなわち売却するまで続きます。この「出口」について最適なタイミングが訪れるまで、オーナーには購入した物件を適切に管理・運営することが求められます。

そして多くの場合、管理・運営は物件の購入を依頼した不動産会社か、もしくはその関連会社に委ねることになるでしょう。しかし、購入を任せた業者が果たして運営・管理までも安心して任せられるのか、つまりは信頼できるパートナー足り得るのかは、慎重に見極めることが大切です。

なぜなら、一度管理を委ねてしまうと管理会社を変えることは容易ではなく、そのために、後々「出口」にも大きな悪影響が生じることになるかもしれないからです。より具体的に言えば、物件を自分の思うような形で売れなくなる事態に直面する危険があります。

また管理・運営のあり方は、不動産投資の利回りも大きく左右します。どんなに条件がよい物件でも**管理の仕方が不適切であれば、十分な収益をあげられなくなる**おそれがあります。たとえば、駅から徒歩10分圏内で周辺にコンビニやスーパーがあり利便性が良く、立地と環境条件には文句のつけようがないような物件であっても、定期的な掃除が行われていないなど、管理業務がおろそかであれば入居者が集まらなくなるかもしれません。

さらに決して多くはありませんが、管理会社の中には入居者から徴収した賃料を約束した期日までに支払わないようなところもあります。そのようなケースでは、会社の資金繰りが苦しくなったために、オーナーに渡すべきお金を一時的に流用している可能性が考えられます。

管理会社によるこうした不正行為等を避けるためには、物件の購入段階から「果たして、この業者に管理を任せてしまっていいのか」をしっかりと考えることが必要になります。その結果、「熟考したが、どうしても信頼することはできない、管理を任せることはできない」という結論に達したのであれば、たとえどんなに条件のよい物件であっても購入を見合わせることが賢明でしょう。

設備の不具合には早急な対処が必要

ちなみに物件の管理と運営は、オーナー自身が独力で行うこともちろん可能です。ただ、管理業務は以下のように幅広く、しかも非常に細々とした面倒な作業が数多く発生します。

①設備の保守・点検、防火・警備などの維持作業
②賃料や共益費の徴収、諸料金の支払いなどの経理事務
③入居者の募集、賃貸契約の更新、賃料の改定、修繕計画の立案などの経営的業務

管理の仕事として実際にどのような作業をこなすことになるのか、特に注意を要するものをいくつか取り上げて確認しておきましょう。

まずは設備の「不具合」への対応です。物件には様々な設備が備えられています。エアコン、インターフォン、換気扇、キッチン、洗面台、浴室等々……。

これらの設備にはどれも耐用年数があり、入居者が通常の使用を行っていても不具合が発生する可能性は当然にあります。内容も様々で簡単な修理や部品交換で済むものから大掛かりな交換が必要なものまでありますが、どのような不具合であっても、修繕できる業者を探して手配を行ったり、あるいは新しい設備を調達するなど早急な対処が求められることになります。

実際に部屋を使用して生活している入居者にとって、設備の不具合は大変なストレスになります。いつまでたっても解決しないようであれば、賃貸借契約を解除して退去することを考えるようになるかもしれません。また、そもそも入居者には不具合のない設備のもとで、快適に気持ちよく生活してもらいたいはずです。

ことにエアコンの故障への対応は、熱中症等による命の危険にもつながりかねないのでより一層の迅速さが求められるでしょう。

厄介で面倒な近隣トラブルへの対応

また、不具合への対応以上に厄介で面倒なのが「近隣トラブル」です。共同住宅であるマンションは一つのコミュニティであり、そこには様々な人が住んでいます。入居者の年齢、性別、性格、仕事はみなそれぞれ異なっており、生活リズムもまちまちです。

そのような全く違う人間同士が、住む部屋は異なるとはいえ同じ建物と敷地の中で暮らしているのですから、トラブルが起きない方が不思議です。たとえば特に起こりがちな近隣トラブルをあげてみると……

「深夜に隣が騒いでいてうるさい」
「上階の入居者の足音や建具の開け閉めが気になる」
「ゴミ出しのルールを守らない」
「ベランダでタバコを吸う」

「階段などの共用部を汚す」
「禁止されているのにペットを飼っている」
「指定された場所以外のところに車を停めている」
などなど……。

私の管理会社でも、こうしたトラブルに対する入居者からの苦情への対応作業を年中繰り返しています。とりわけ多いのは「騒音」についてのクレームですが、その対応は非常に厄介です。

「音」は聞こえ方に個人差があり、通常の掃除や洗濯などの際に生じるようなささいな生活音でも過敏に気になる人もおり、本当に騒音なのかという判断がたいへん難しいのです。

それでいて、入居者からすると「騒音」はこの上なく大きな問題である可能性が高く、それによって睡眠もままならないとなると退去にも直結しかねません。

かといって、騒音元とされる人に注意をしても本人に全く心当たりがないのであれば、「そんな細かい人が同じマンションに住んでるなんて生活しづらい……」となって、こちらもやはり退去につながりかねません。

空室対策にはリーシングの工夫が求められる

さらに、空室ができた場合には新たに入居者を募集しなければなりません。

所有している物件に借り手がつかず、空室になってしまうことを空室リスクといいます。空室のままだと賃料収入がゼロになるわけですから、オーナーにとっては何よりもおそろしいリスクです。

購入時になるべく空室にならない物件を選ぶことが、空室リスクに対する一番の対策になりますが、それでも時期やタイミングによっては入居者がなかなか見つからない状態になることも起こり得ます。

また、物件の見た目が「汚い」あるいは「古くさい」印象を与えるようだと、空室になりがちです。掃除を徹底したり、外壁の塗り替えや内装のリフォームを行うなどして物件のイメージを変えることが必要となるかもしれません。

それからリーシング（客付け）にも工夫が求められます。入居者の募集は通常、不動産仲介会社に依頼することになります。

賃貸仲介の成約に対しては、仲介手数料とは別にインセンティブを支払うケースが少なくありませんが、その額によって不動産仲介会社のモチベーションが変わります。仲介会社は商売として入居者の斡旋を行っているので、やはりインセンティブ報酬の大きい物件を優先して客付けをしようとするのです。

賃貸需要が大きいエリアで、物件にも十分な魅力があるにもかかわらず空室が目立つ場合には、インセンティブの設定を見直すことによって空室を減らせることがあります。

滞納は一度でも見逃すと大変なことになりかねない

おそらく管理業務の中で最も神経をすり減らされることになるのが、滞納、つまりは賃料の不払いへの対応でしょう。

「賃料なんて、毎月当たり前に入ってくるのでは」と考えている人が多いかもしれませんが、実はそんなに甘い話ではありません。

もちろんほとんどの人は毎月決まった日にちまでに賃料を支払ってくれます。しかし、たとえば今のコロナ禍やあるいは予期せぬ災害等のために収入が減ってしまった人、あるいは収入がストップしてしまった人はどうでしょうか。

残念ながら、賃料の支払いは一番最後に……と考える人は少なくないのが現実なのです。〝電気や水道、ガス、携帯電話等のライフラインは、料金を払わないで止められてしまうわけにはいかないが、借りている部屋はそんなに簡単には追い出されないだろう〟と。

しかも、実際問題として賃料を1ヶ月支払わない程度では、入居者を追い出す、つまりは賃貸借契約を解除することは難しいのです。

そして一度滞納を見逃してしまうと「あ、やっぱり家賃は最後でいいんだ！」となり、どんどん滞納しがちになる……こうして、1ヶ月ならまだしも2ヶ月、3ヶ月とたまっていけば、あっという間に支払い不可能な金額になってしまいます。そうなれば、**「無い袖は振れない」と開き直られてしまう**おそれも出てくるでしょう。

そんないまいましい状況にならないようにするためにも、賃料の回収は毎月確実に行うことが求められるのです。

忙しい医師は管理会社に任せるのが一番

設備の不具合、近隣トラブル、滞納の発生……多忙で満足に休む時間すらない医師の方々が、管理業務の中で次々と発生するこれらの問題に対して、自ら対応することはおそらく極めて難しいでしょう。

とりわけ家賃滞納の取立ては、およそ仕事の片手間でできるようなものではありません。毎月入金を確認し、入っていなければ催促をし、いつまでに払ってもらえるのかを確認して、また入金を確認して……そうした作業の繰り返しは精神的に大きな負担となり、大変なストレスになりかねません。

やはり、物件の管理は管理会社に任せてしまうのが無難でしょう。餅は餅屋にではありませんが、面倒なことはすべて代わりにやってもらう方が気が楽です。

【図15】「建美家」のアンケート調査

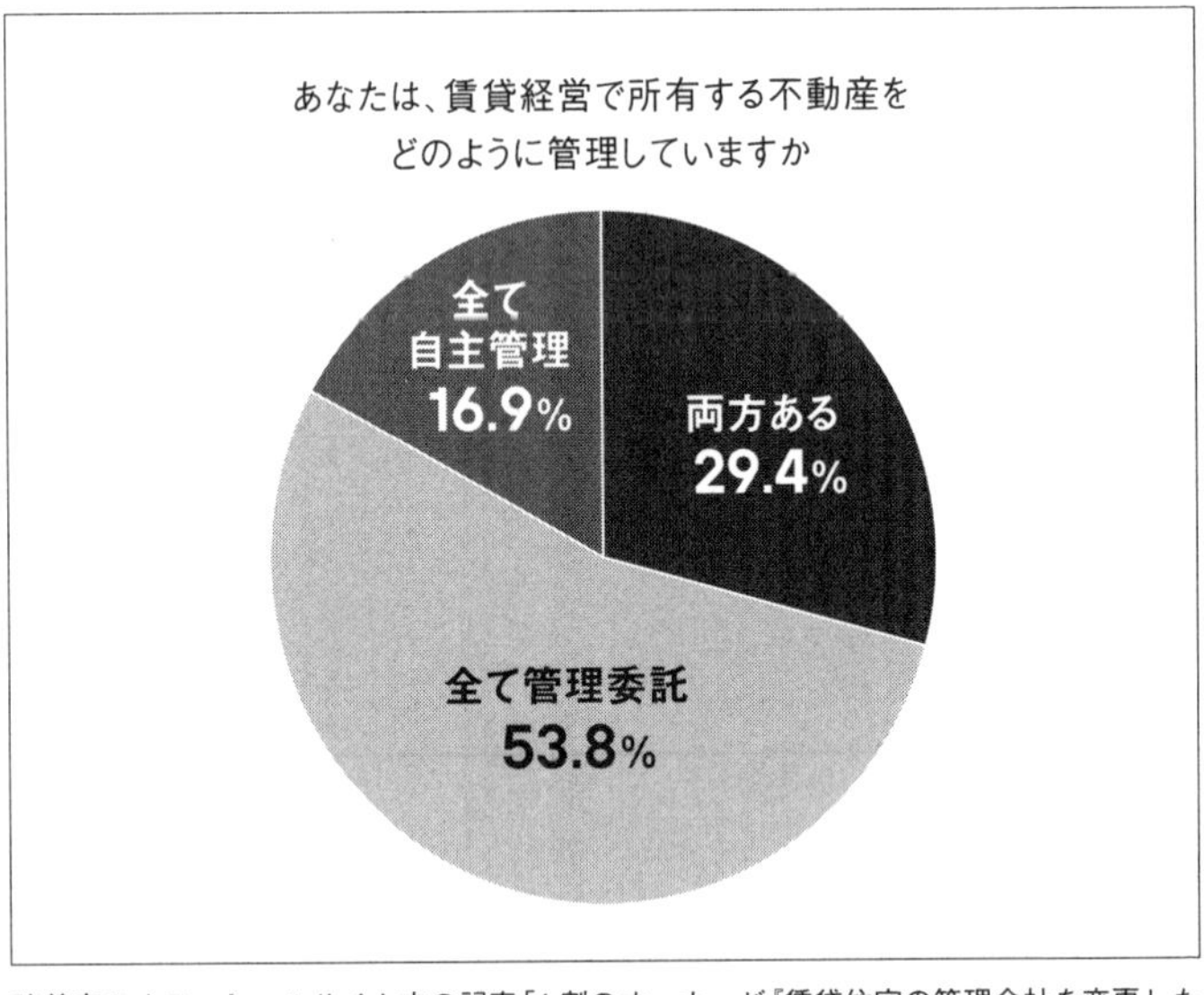

建美家のオフィシャルサイト内の記事「6割のオーナーが『賃貸住宅の管理会社を変更したいと思ったことがある』と回答 ～健美家不動産投資家アンケート」より引用

実際、医師に限らず、投資用不動産を所有する人たちの多くが、管理を自ら行わず外部の業者等に任せている現実もあります。

たとえば、投資物件の情報を幅広く紹介しているポータルサイトの「建美家」が行ったアンケート調査では、右ページのグラフが示すように、不動産投資を行っている人のうち80％以上が所有する不動産のすべてまたは一部の管理を業者等に委ねています。

サブリース契約を結べば空室リスクを避けられる

では、管理を管理会社に委ねる場合、どのような手続きが必要となり、またどのようなポイントに注意しておかなければならないのでしょうか。

まず、管理会社に物件の管理を任せる際には、管理委託契約を結ぶことになります。

契約といってもその中身はいたってシンプルです。家賃管理、家賃滞納への対応、契約更新や退去時の解約受付、解約時精算、リフォーム手配等について管理会社がオーナーに代わって行うこと、また、その対価として管理手数料をオーナーの側が支払うというのが主な中身になります。

管理手数料の金額は会社や管理内容によって様々ですが、おおむね毎月の賃料の5〜10％程度です。

また、併せてサブリース契約を結ぶケースも少なくありません。

サブリース契約とは簡単にいうと、所有者であるオーナーが貸主、管理会社が借主となる賃貸借契約を結ぶことです。管理会社はオーナーから借りた物件を転貸して、それによって自社の利益を確保します。

管理会社が借主なので、実際の入居者がいなくても毎月の賃料は管理会社がオーナーに対して支払ってくれます。そのため、空室時に賃料が得られないリスクをゼロにできますし、また滞納のリスクも管理会社が負うことになります。

賃料収入が減るなどサブリースにはデメリットもある

このように、サブリースは入居者の滞納や退去があってもオーナーが安定的に賃料収入を得られることを可能にする、非常によくできた仕組みといえるのですが、いくつかのデメリットもあります。

まずサブリース契約では、管理会社が貸主となって入居者を決めることになります。つまり、**オーナーが入居者を選ぶことはできません。**一般的な管理委託の場合は、入居希望者を入居させるか否かをオーナー自身が決められますが、サブリースではそうしたオーナーの決定権が奪われているわけです。そのため「入居者は自分で決めたい」という強いこだわりがあるのであれば、サブリース契約は避けた方がよいかもしれません。

またサブリース契約では、入居者とオーナーの間に不動産会社が入るため、賃料収入がそのまますべてオーナーのものになるわけではありません。毎月の賃料収入は相場より1〜2割ほど低くなります。

そのことに抵抗を感じるのであれば、空室というリスクを背負う代わりにより収益性を高める選択肢を取るのか、空室時でも一定の家賃が保証されている安心感を買うのか——どちらがベターなのかをじっくりと検討することが求められるでしょう。

サブリース契約を巡りトラブルも多発

また、管理会社の中にはサブリース契約の中身を自社に有利な形にして、そのことを隠したまま、契約書にハンコをおさせようとするところもあります。そのため、契約の内容を巡ったトラブルも多く発生しています。

たとえば、金融庁・消費者庁・国土交通省はサブリース契約に関して、以下のような注意を促しています。

賃料は変更になる場合がある

- 多くのサブリース契約では、定期的に賃料を見直すこととなっています。
- 「家賃保証」と謳われていても、入居状況の悪化や近隣の家賃相場の下落により賃料が減額する可能性があります。
- 「空室保証」と謳われていても、入居者の募集時等に賃料支払の免責期間が設けられている場合があります。

契約期間中でも解約されることがある

●「30年一括借り上げ」と謳われていても、契約書でサブリース業者から解約することができる旨の規定がある場合は、契約期間中であっても解約される可能性があります。

契約後の出費もある

●オーナーは、サブリース業者が賃貸住宅を使用するために必要な修繕費用を求められる場合があります。

●賃貸住宅の老朽化等による、建物や設備の修繕費用が必要になります。

●賃貸住宅に対する固定資産税は所有者であるオーナーの負担となります。

(金融庁・消費者庁・国土交通省「アパート等のサブリース契約を検討されている方は契約後のトラブルにご注意ください!」平成30年3月27日公表(平成30年10月26日更新)をアレンジして作成)

これらのうち賃料に関する注意点を補足しておくと、前ページで触れられている賃料支払の免責期間については「退去があったときには準備期間として一定期間は賃料を支払わない」などという条項の形で示されています。この期間が長期の場合、空室リスク回避というサブリースの意味が失われることになります。

また、サブリースでは空室になると、管理業者が自腹を切ってオーナーに賃料を支払わなければならないため、近隣の相場に比べて、賃料の額をかなり低く設定されることもあります。

最大の問題は物件を売却しにくくなるおそれがあること

さらに、サブリースの一番大きな問題は、契約を結ぶ不動産会社・管理会社のスタンスによっては「自由な解約ができない」おそれがあることです。

なぜそのような理不尽なことが起こり得るかというと、マンション等の借主は借地借家法という法律で強く保護されており、「正当な事由」がない限り貸主の側から賃貸借契約を一方的に解除することはできない仕組みとなっているためです。

「正当な事由」とは、滞納や問題行動を何度も繰り返すなど明らかに借主側に非がある場合や、貸主が自己使用する等の特別な事情がある場合です。そうした事情がない限り、契約の解除は認められません。

サブリース契約において、オーナーはマンションの貸主であり、管理会社は借主の立場にあります。そのため、オーナーが管理会社との契約を解除するのにも「正当な事由」が必要になります。

そして、管理会社側は毎月しっかりと賃料を払っている以上、「正当な事由」が認められる理由はなく、そのためにサブリースを解約することはできないのです。

もっとも、ここまでの話だけでは「それの何が問題なのか。賃料が入ってくるのなら解約する必要なんてないのでは……」と思う人の方が多いでしょう。

確かに、管理会社に所有する物件の管理を任せる意向を持ち続けている間はそうかもしれません。

問題となるのは、物件を売却したいと思ったときです。

先ほど述べたように、サブリースのついた物件に関しては、賃料の1割~2割程度が管理会社に支払われることになるため、サブリースを行っていない物件に比べて得られる賃料収入が減ることになります。

そのことをデメリットと感じる、つまりは空室リスクよりも収益性を重視する買主側から「物件を購入してもいいが、サブリース契約を解除してほしい」と要請されることがあります。

このときにすんなりと管理会社が解除に応じてくれればよいのですが、「解約はしない。次の所有者にもサブリース契約は必ず引き継いでもらう」というスタンスだと、買主側の要望と合わず、売却が進まなくなるおそれがあるのです。

そうなると、オーナーの当初思い描いていた出口戦略に齟齬が生じ、全体的な資産運用計画にも支障をきたす可能性がでてきます。

私自身は、物件の所有者であるオーナー自身が売却を望んでいるのに、管理会社がそれを邪魔立てするような権利はないと思っていますし、そのような状況が起こること自体がたいへんおかしな話だと考えています。

実際、私の会社ではオーナーがサブリースを解約したいという意向を持たれた場合、最大限、そのご希望に沿えるように努めています。自社の利益や都合ばかりを考えて、顧客の人生設計にとってマイナスになるような振る舞いに出ることは、経営理念にも真っ向から反することになるからです。

ただし、サブリースの解約が可能となるのはあくまでも当社だからであって、他社の場合は、**契約書で自由な解除が認められていない以上、基本的に難しい**と思ってください。

サブリース契約を結ぶ際には、このように後々、物件の売却の自由が制限される危険があることを十分に承知しておく必要があります。

信頼できる管理会社の見極め方は？

前述のように管理を外部に委託すると決めた場合、基本的には物件を購入した会社（もしくはその関連会社）にそのまま管理も任せることになります。

ただ、任せていた管理会社が業務を行えなくなったり、契約に反することを行ったような場合には、管理委託契約を解除することもあり得ます。

実際、管理会社が経営破綻に陥って業務遂行能力を失うことは珍しくありません。また、集金した賃料を会社の運営資金に流用していた……などという不祥事が発覚した場合には、まず間違いなく管理会社との契約を破棄することになるでしょう。

そのような場合には、新たな管理会社を見つけなければなりません。ただ、その会社も業務を遂行できなくなったり、不正を働いたりなどしては困るので、管理委託契約を結ぶ前に、オーナーのために誠実かつ丁寧に継続的な管理を十分に行えるだけの能力や信頼性を備えているかどうかを見極めることが必要です。

その見極めの手がかりとして、以下のようなポイントに注意して見るとよいかもしれません。

①設備の不具合への対応

不具合が起こった場合にしっかりとした対応を行ってくれないようでは、管理手数料を払う意味がありません。

また、新たな設備の調達に必要以上にコストがかかるのは考えものです。機能面で過不足のない設備を、スピーディーにかつできるだけ安価に手配できるかどうかを確認しておきましょう。

②リーシングへの取組み

業者の中にはリーシング（客付け）に対して不熱心なところがあります。どんなに条件のよい物件であっても、入居者が退去した後にリーシングの作業を怠っていれば空室の状態が続いてしまいます。

特に、今、入居者の約8割は、インターネットから賃貸物件を検索しているともいわれています。主要な賃貸物件ポータルサイトに掲載されなければ、物件の情報を広く伝えることはできません。

たとえば「入居者が解約通知をしているのに、物件の募集を開始しない」「賃貸物件募集ポータルサイトに物件情報を反映していない」「仲介業者に対して積極的に物件をアピールしていない」ような管理会社は避けた方がよいでしょう。

③近隣トラブルへの対応

近隣トラブルに対して満足な対応をとれないままでいると、「ここの管理会社は何にもしてくれない！」と苛立ちを募らせ、不満を抱いた入居者の退去につながってしまいます。トラブルが起こったときに、的確に解決できるだけの経験とノウハウをしっかりと持っているのかをチェックしておきましょう。

騒音トラブルへの対策方法を尋ねてみる

前述したことに補足しておくと、③については、近隣トラブルの中で最も問題になることが多い騒音の解決策について尋ねてみるとよいかもしれません。参考までに紹介しておくと、当社の場合には以下のような形で対応しています。

まず、先にも述べたように「騒音」の基準は人によってそれぞれ違うために、音を出していることに対して自覚のない人もいます。

また、「○○のお部屋の方からうるさいという苦情が来てますよ！」などと伝えてしまうと、「あいつめ！」といたずらに逆恨みされ、さらなる近隣トラブルに発展してしまうことも考えられます。

そのため、まずは全部屋に対して「どちらのお部屋という特定はございませんが、複数のお部屋から他の部屋での騒音でお困りのご連絡を頂いております」という注意喚起の通知を出すことにしています。併せて、「どちらのお部屋からというお心当たり等ございましたら、お気軽にご連絡頂きたいと存じます」というメッセージも添えます。

多少なりとも音を出している自覚のある人に、何らかの改善策を自主的に講じてもらうことを意図したものですが、実際、このやり方でトラブルが解決するケースは少なくありません（それでも騒音が止まないような場合には、音の発生元となっている部屋に対して、直接電話連絡を行います。伝える内容は基本的に全室に対する通知と同じものです）。

なお、ここまで紹介してきた解決方法はあくまでも基本型であり、細かな対応の仕方は個々の状況に応じて、ケースバイケースで変わります。

また、調査を進める中で、「騒音が出ていたのは実は騒音元とみなしていた部屋の隣室だった」などといった事実が発覚することもあります。

このように騒音トラブルへの対応は、思い込みや決めつけでことを運んでしまうと、問題解決につながらない不適切なものになるおそれがあることから、なるべく先入観をもたずにフラットなスタンスと視点からアプローチする必要があるのです。

アセットマネジメントの能力も備えた管理会社を選ぶ

以上に加えて、管理会社を新たに選ぶ際にはプロパティマネジメントとアセットマネジメント両方の能力に長けているかどうかも重要視すべきです。

プロパティマネジメントとは不動産に関する資産管理業務です。日常の管理や掃除、点検などの一般的な管理業務を行うにとどまらず、委託された物件の資産価値を最大限に高められるよう修繕やリフォームなどについても積極的な提案を行うのが優れたプロパティマネジメントといえます。

一方、アセットマネジメントとは資産経営という目的を投資家と共有して、資産形成の計画を立て、その実現に向けて様々な企画や管理を行うことです。物件を売買すべきタイミングのアドバイスから、融資のサポート、顧客の資産形成計画に適した物件の紹介など、対象となる活動は広範囲に及びます。

不動産投資をベストな形で行いたいのであれば、この二つのマネジメント能力を兼ね備え、ワンストップでサービスを提供できる不動産会社に任せるべきです。

プロパティマネジメントのスキルしか備えていないような不動産会社では、オーナーを適切な出口まで導いていくことができません。それどころか管理件数が少なくなれば自社の利益が減少することから、逆に物件を売らせないようにするおそれさえあります。

そのように管理業務で儲けることばかりを考えるようになると、オーナーの利益を最大化するという不動産会社本来の役割を見失うことになりかねません。そのため、私の会社ではあえて管理では収益を求めない方針をとっており、管理手数料を必要最小限の額に抑えています。

信頼したらすべてを任せよ、ただしサブリース契約は要チェック

物件を購入した会社に管理を任せる場合も、あるいは元の管理会社から新しい管理会社に変更した場合も、「この会社は信頼できる」というのであれば基本的にはすべてを任せてしまうことが適切です。

私の会社で物件を管理する場合にも、オーナーの方々には「面倒なことはすべて私たちの方で行いますので、ご安心ください」とお伝えしています。

ただし、どんなに信頼できると思った場合でも、**契約書の中身、ことにサブリース契約の中身**に関しては、しっかりと目を通して、自分にとって不利になるようなことが記載されていないかどうかを細かく確認したほうがよいでしょう。

書面の形になっている以上、後から契約の中身を問題視して、変更を求めたとしても相手が応じてくれる可能性はほとんどありません。また、そのことが原因でトラブルになり、訴訟を起こすようなことになったとしても、勝訴できる見込みは薄いでし

ょう。

先にも触れたように、私自身は、サブリース契約を巡りオーナー側がこのように不利益を強いられる状況に対して大いに疑問を感じていますし、業界全体がその改善に取り組むべきと考えています。

だからこそ、〝せめて私の会社だけは〟という思いをもって、オーナーからの要望があれば契約内容の変更にも前向きに応じることを心がけています。

サブリースに限らず、オーナーのためであれば、どのようなことであっても柔軟に対応することが当社のモットーであり、また何よりの強みなのです。

第6章

不動産投資は「始まり」でしかない

不動産投資は人と人との「つながり」を生み出す

再三述べてきたように、医師の方が最初に行う投資として、不動産投資は自信をもってお勧めできますし、私自身もそのサポートを行う自らの仕事に対して強い誇りをもっています。

しかしながら、率直に言って、不動産投資業界全体を見渡したときに、たいへん残念なことに、一般の人たちの目から見たら非常識ともいえるような部分がある点は否定できません。

たとえば、第1章でも触れましたが、不動産業者の中には相手の迷惑を少しもかえりみずに自分本位で強引な売り込みをするところもみられます。さらには、売った後は我関せずで、買った客がどうなろうと知ったこっちゃない……そんな無責任な業者も少なくありません。

「アフターフォローで、資産運用のコンサルもしっかりと行いますよ」と言いながら、資産価値を上げるために求められる戦略の提案を何一つしてくれない、そんな経験をしたことのあるお客様も数多くいます。

また、サブリースに関して述べたように、オーナーに不利益を被らせることなど全く お構いなく、自社の利益を守ることばかりを目的とした契約を臆面もなく結ばせようとする管理会社が、大手・中小を問わず圧倒的に多いのです。

こうした不誠実な業者が少なからず存在していることが、業界全体への不信感やネガティブな印象・先入観を与えてしまい、世間一般に不動産投資がもつ本来のよさが伝わりづらくなっています。そのことに対して、私は同業者の一人として忸怩たる思いを抱いています。

不動産投資の世界は本当であれば、決して人に対する不信を生み出すような場所ではなく、むしろ逆に人と人との確かなつながりが生まれる場所であると思います。

これまで私自身が不動産投資のサポート、コンサルテーションを通じて、医師の方々をはじめ多くの人たちとのご縁をいただいてきました。また、私の会社はカスタマーファーストの精神のもと、明確な投資戦略で裏付けられたサービスを、スタッフ一人一人が誠心誠意、提供し続けています。その結果、多くの顧客からの信頼を獲得することができ、今まさに新たなお客様を次々と数珠繋ぎに紹介していただいているところです。

人が人を信頼し人をつなぎあわせる、人間が古くから行ってきたそうした営みが不動産投資の世界にも確かに存在することを、私は自らの体験から強く実感してきました。これまでに作られてきた「つながり」を何よりも大切にし、信頼を寄せていただいた方々に手応えのある成功体験を着実に体感してもらうことで、そこからさらに多岐にわたる新たなつながりを生み出すことができたらと願っています。

不動産が絶対的な正解とは限らない

資産運用の手段は、不動産投資以外にも数多くあります。株式や投資信託、FX、ゴールド（金）、絵画、高級時計等々……。そうした数ある投資商品の中には、不動産投資と同様に節税効果のメリットを得られるものもあります。

たとえば〝ヘリコプター投資〟もその一つです。ヘリコプターは長期間にわたってリース料を得られる優良資産として、近時注目されています。しかも法定耐用年数が短いので、減価償却の仕組みを利用することで短期で高額の節税が可能となるのです。

不動産投資を通じて身につけた投資や節税の知識・ノウハウは、こうした**他の投資商品においても存分に活用する**ことができます。不動産投資を軸としながら、そこに様々な商品を組み合わせて資産運用と節税の幅を広げていくことは、投資する資産、地域、時期などを分散させることでリスクの低減を図る分散投資の考えにも適合しています。


また、テクノロジーの進化と発展、とりわけDX（デジタルトランスフォーメーション）は投資の世界にも大きな影響をもたらしており、暗号資産やNFTなどこれまでになかったバーチャルな投資商品も生み出されました。

これからもさらに新たな投資対象になり得る商品が次々と現れることは間違いありません。それらの中には、もしかしたら不動産投資以上にリスクが低く、それでいてより多くの収益が得られるものもあるかもしれません。

そうした可能性も考えるならば、資産運用の手段として今後も不動産投資が絶対的な正解といえるかどうかはわかりません。

そもそも投資に正解があるとするならば、「何に投資するか」ということよりも、むしろ「どのように投資するのか」ということが重要であると思います。投資しようとしている商品が何であれ、その中身や特質を深く理解したうえで購入すること、またリスクが顕在化したときにそれを乗り越えられる手段を知っておくことが何よりも大切であると考えています。

そして、そのようなすべての投資に通用する心構えやスタンスも、不動産投資の経験を重ねる中で深く学べるはずです。

不動産投資を行うことで人生はより豊かになる

「老後の生活のために自助努力してください」「公的年金だけでは足りないようなら、別の方法でお金を増やすことを考えてください」などと国が国民に促す時代に変わりました。

お金を上手に使い活用する手段を、すなわち自身の資産を賢く合理的に運用する方法を、不動産投資を通じて知ることは、そうした時代のニーズにもかなっているといえるでしょう。

また不動産投資をスタートすることによって、これまでとは異なる新たな収支の構造が作り上げられることになります。その結果、人生の選択肢が大きく広がることは間違いありません。

お金が人生のすべてではありませんが、お金がなければかなえられないことが数多くあるのは事実でしょう。特に子どもがいれば、養育費や教育費などのためにお金がかかります。十分な資産がなければ、子どもの未来の可能性を狭めることにもなりかねません。「親と同じ道を進みたい、医師になりたい」と子どもが思ったような場合にも、かけられるお金の額によって、それが実現するか否かも変わってくる可能性があります。

不動産投資により余裕のある資産作りに成功すれば、自身や家族がこれからの人生の中で実現できること、あるいは実現したいことが増えるはずです。つまりは、人生がより豊かになるのです。

さらに、不動産投資は単なる資産運用の手段であるだけでなく、税金に対するリテラシーも高めてくれます。損益通算や減価償却等の基本的な仕組みや知識を身につけ、適切な税務マネジメントを行うことにより税金の過度の負担を軽減することが可能となります。「なぜ、こんなに税金を取られなければならないのだ」といった悩みや不満を抱いていた人は、そうした思いや憂いから解放されることになるのです。

身近に不動産投資を行っている人がいないか探してみる

これから不動産投資を始めるにあたっては、自分の周囲に〝投資の先輩〞がいないか探してみるとよいでしょう。

すでに不動産を用いて資産運用をしている人が身近にいれば、その人からいろいろと実体験に基づいたアドバイスを得ることができます。「なぜ不動産投資を始めたのか」「今後、どのような計画を立てているのか」など、自身が気になることや知りたいことについて直に経験者から話を聞くことで、不動産投資に対する理解を事前に深めておくことは非常に有益です。

また、その〝投資の先輩〞が信頼できる人であれば、その人がサポートを依頼している不動産会社の担当者と会ってみることをお勧めします。

そして、不動投資に対する考え方、スタートから出口までの具体的な戦略などについて詳しく尋ねてみて、「この会社に任せてみてもよいかもしれない」と思えるようならば、自身の不動産投資についても依頼することを前向きに検討してみるとよいでしょう。

不動産投資を続けるためには健康であることも大事

意外に聞こえるかもしれませんが、不動産投資を進めていくうえでは、心身が健康であることが非常に大切になります。

金融機関から融資を得る際には、団体信用生命保険（団信）に加入しなければなりません。その手続きの際には、自身の健康状態や過去の通院歴等について告知することが義務付けられています。

食べることや、お酒を飲むことが好きな人の中には、尿酸値や食後血糖値の上昇度を示すＧＩ（グリセミック・インデックス）値などが高い方もいるでしょう。団信の審査では、そうした健康状態に関する数字が細かくチェックされて、その結果次第では銀行から融資を得ることが難しくなるおそれもあります。

このように、身体が健康であることは不動産投資をスムーズに行っていくうえで非常に重要な要素となるのです。

また、どんなに多くの資産を築いても、たとえ一生不自由しないだけのお金を得ることができたとしても、不健康な状態では余裕のある生活を心から楽しむことはできません。

「身体の健康と健全なる状態はすべて金にまさる」という言葉がありますが、まさに至言というべきでしょう。

かくいう私自身も、健康に対しては最大限の注意を払っています。それは、今の会社を立ち上げる前、前職で勤務していたときに大病を患い、命を失うかもしれないような体験をしたためです。

係長職から営業統括本部長へ昇格し、多くの顧客の不動産投資コンサルティングに携わるようになった、まさにこれからというときでした。三日間ほど原因不明の頭痛が続き、痛みが治まらなかったのを不審に思い、念のためCTで頭の中をみてもらったのです。すると、脳に動脈瘤があることがわかり、医師からは、そのまま放置していれば一年間で4％の確率で破裂すると告げられました。

〝破裂すればくも膜下出血となり、死ぬかもしれない。ただ、年で4％の確率ならそれほど高くないのでは……いや待てよ。たとえ今年は大丈夫だったとしても、来年はどうだろう？　再来年は、そしてまたその翌年は？〟

こう迷い悩んだあげくに、私は動脈瘤を手術で取り除くことを決意したのです。

7時間で終わるといわれた手術はその倍近くの時間がかかり、麻酔から覚めたとき、私はＩＣＵ（集中治療室）のベッドの上で、頭にボルトがささった状態で横たわっていました。

手術を担当した脳外科医の先生からは、「森田さん、１００からご自身の今の年齢を引いてみてください」と声をかけられました。

私はその時36歳でした。思考能力には全く異常がなく、何の問題もなく答えを出すことができると思いましたが、実際に計算をするのがおっくうに感じられたので、

「100から36を引けばいいんですね。先生、大丈夫です」と答えました。

すると先生が「大丈夫そうですね、よかったです」と応じたその声を、〝ああ、自分は生きているんだ〟という実感とともに、耳にしたのを今でもありありと覚えています。

健康への思いを託した健康推進事業も展開

このように、無事手術には成功したものの、万が一、失敗に終わっていれば言語障害のおそれや左半身が動かなくなる可能性がありました。手術に対する恐怖と不安の日々を送る中で、私は「自分は一体どうなるのだろうか」「なぜ、このような運命を自分が突きつけられなければならないのだ」と自身がこの世に存在している意義や、これから先の生き方を真剣に考えずにはいられませんでした。

また、手術後は回復までしばらく身動きできない状態を強いられることになりました。意識ははっきりとしているのに全く体を動かすことができない、文字通り〝拷問〟を受けているかのような苦しみを感じることになったのです。

本当に今振り返ってみても、人生でこれ以上はない、つらく過酷な体験だったと思います。

だからこそ、健康と命の大切さを、何ものとも取り換えることができない、そのかけがえのなさを、私は個人的に深く知っているつもりです。

そうした健康への思いを託して、私の会社では不動産事業とは、別に健康推進事業も手がけています。

不動産投資のコンサルティングを通じて信頼関係を築いたお客さんたちと末長くおつき合いをしていくためには、健康に関してもサポートしていくことが必要になります。そのためのサービス、具体的にはパーソナルトレーニングジムの提供や、当社の専属トレーナーによる健康改善を目的としたコンサルテーションなども行っています。

当社の顧客でこれらのサービスを受けている医師の方々の中には、ウエストが20センチ以上減り、「すごく動きやすい体になった。靴ひもも毎朝ストレスなく結べるようになった」と喜んでいる人もいます。

豊かで幸福な人生を送るために健康であることは不可欠です。また、経営者と社員がみな健康でなければ、持続可能な経営基盤をつくることはできません。こうした顧客と社員の健康を守り、育てる活動に関しては、ときに資産形成の企画とも融合させながら、これからも様々な形で積極的に展開していくつもりです。

不動産投資の新たな可能性を切り拓く「THE TRADE（ザ・トレード）」

不動産投資には多様な選択肢があります。本書では、最も確実性の高い不動産投資の手法として中古のワンルームマンション投資にフォーカスをあて、そのポイントなどを伝えてきましたが、市場の状況が変われば、新築ワンルームマンションや一棟マンションでも安定した収益が得られる可能性が生まれてきます。

また、これまでになかったような不動産投資の商品が現れるかもしれません。

私の会社でも、より資産価値の高い商品の選択肢を提供したいという思いをもって新たな企画の開発に努めてきました。

一例を示すと、当社では現在「THE TRADE（ザ・トレード）」という名称の新規プロジェクトを展開しているところです。

「THE TRADE」のポイントを一言で表せば、〝次世代型不動産投資戦略術〟になります。その目的は、継続的なインカムと魅力的なリターンの提供が可能な〝勝てる不動産投資〟を実現することにあります。

実際、「THE TRADE」で運用を始めている医師の方々は、本業の収入にプラスアルファする形で、年間300万～500万円のリターンを得ています。

また、「THE TRADE」では、法人の形でより大規模な投資を展開できる選択肢も用意しています。具体的には当社が法人の設立をお手伝いし、さらに経営に関するアドバイスやサポートも行いつつ、ともにタッグを組んで一段階上の新たな投資戦略へと進んでいきます。

この法人形式でのプロジェクトに取り組まれている医師の方々もすでにいて、年間売上が5000万～1億円ほどの規模にまで成長しています。

目下のところ、「THE TRADE」は入会制となっており、一般の方はお断りとさせていただいております。入会条件は当社と取引実績があることで、入会後にその詳細を知ることができる形になっています。

また、「THE TRADE」はさらなる試みとして「villa laid back（仮称）」というプロジェクトも現在進めているところです（千葉県の富津岬ですでにスタートしており、今後、山梨県でも展開する予定です）。

これは遊休資産を所有するオーナーの方々から所有権レンタルの形態で管理を委ねられた物件を、民泊などの形で有効活用し、そこから得られた収益を「THE TRADE」の会員に配分するという仕組みになっています。不動産投資を長期的かつ安定的に行っていくためにはキャッシュフローの適切な調整が重要になります。「villa laid back」によってもたらされるインカムゲインにより、トータルな視点からバランスのとれたキャッシュフロー戦略が可能となるのです。

医師専門を謳っている投資会社に特別なメリットはない

多種多様な企業が自社の商品・サービスを宣伝することを目的として、おびただしい量の広告を世間に流布させています。そして多くの投資業者も多額の資金を投じて、広告の出稿を行っています。

ことに最近では、医師を狙い撃ちにして配信されるものが増えています。デジタル広告やＳＮＳ、動画、ウェビナーといった配信サービスなど様々な手段を駆使し、自社が医師向けに特化した投資サービスを展開していることを訴えかけて、気を引こうとしてきます。やはり、銀行から融資を得ることが容易な医師は確実に利益をもたらしてくれる顧客になり得るので、広告をきっかけにして是が非にでもアクセスをとりたい最優先のターゲットなのです。

そうした医師向けの宣伝広告を眺めていると、「やはり医師専門の不動産投資会社に依頼した方がよいのだろうか」と思う人もいるかもしれません。

しかし、少し考えてほしいのですが、そもそも医師を得意とする事業者と取引したとして、いったいどのようなメリットがあるというのでしょうか。医師専門の会社を通じて購入した不動産には何か特別な付加価値があるとでもいうのでしょうか。

断言できますが、全くないはずです。**誰がサポートしようと、購入する不動産そのものに変わりはありません。**確実に安定した収益を長期間にわたってもたらしてくれる不動産を〝よい物件〟と呼ぶのであれば、医師専門の会社を通じて購入しようが、そうでない会社を通じて購入しようが、〝よい物件〟は〝よい物件〟のままです。医師専門ではない会社から購入したからといって、〝よい物件〟が〝悪い物件〟になるわけではありません。

広告はあくまでも宣伝を目的としているものであるため、そこで示されている情報の多くは真偽もあやしく、鵜呑みにすることはできません。ことに不動産投資に関しては、業者が得られる利益が大きいため、一人でも多くの客をつかもうと、真実性、信頼性が疑われるような広告が氾濫することになります。

そのような広告や情報には、ぜひいたずらにまどわされないよう、お気を付けください。

自社ブランドを冠した新築マンションには用心が必要

現在、不動産業者の中には、自社のブランドを冠して開発した新築マンションを複数戸、購入するよう提案してくるところが少なくありません。

その会社のことを心から信頼してすべてを任せる覚悟があるというのなら別ですが、そのような商品を購入することに対しては慎重になったほうがよいでしょう。

先にも述べたように、新築物件は価格が高すぎるため、適切な出口（売るための理想的なタイミング）を見い出すことが非常に難しく、投資商品として見た場合、あまりにもリスクが大きいからです。運用をスタートしても、将来的には収支に歪みが生じ、デフォルト（破綻）する可能性が極めて高いといえるでしょう。

「新築は中古よりもさらに税効果的なメリットがある」という業者もいますが、全くナンセンスな提案というほかありません。

何もわざわざリスクの高い不動産に手を出す必要はないのです。持続的な収益性と資産性を兼ね備えており、しかも安く購入できる中古ワンルームマンションがいくらでもあるのですから。

そして、そのような中古物件を東京、さらには日本各地の成長が期待できる各エリアに分散して購入・運用する「都府県分散型投資」が、目下の不動産市場の状況下では最適な投資手法であることは、間違いありません。

実際、私たちの会社では取り扱う商品の中心軸を中古ワンルームマンションにおき、少数精鋭のスタッフで多くの販売件数をこなしています。また、物件を購入したオーナーの方々の中には、さらに2件、3件と購入し、そのうえ新たなお客様を紹介してくれる人も少なくありません。そうした事実があることが、中古ワンルームマンション投資の成功する可能性と安全性の高さを何よりも雄弁に証明しているといえるでしょう。

※実際に不動産投資に取り組まれている医師の方々と筆者の対談を巻末付録として掲載しました。これから不動産投資を行ううえで役立つはずの経験談が満載ですので、よろしければ、ぜひご一読ください。

対談① 30代／脳外科　勤務医

●不動産投資を始めたきっかけ

二人目の子どもの誕生をきっかけに、今まで以上の節税対策を考えるようになった

●所有投資物件

東京3件（亀戸、板橋区・大山、大田区・蒲田）と大阪（難波）4件の計7件、3～4億円

●森田社長の最初の印象は？

マッチョで色黒（笑）、ゴリゴリのちょっとイカツイ見た目でしたが、柔らかな笑顔で挨拶いただき、その印象は見事に翻されました。少しお話するだけで、とても誠実な方だとわかりました。

マンション投資に興味をもたれたきっかけ

◉子どもが生まれ、より効果の高い節税を考えた

森田　先生は、ご友人から紹介いただき、ご縁を頂戴しました。

T先生　大学時代から仲良くしている友人が森田社長と不動産投資を行っていたんです。彼と久しぶりに友人の結婚式で会って、節税のことなどを相談したところ、自分は不動産投資で税務上の利得を得ていると聞き、興味を持ちました。それで森田社長を紹介してもらうことになりました。

森田　先生のご友人の方とは公私ともにお付き合いさせていただいていて、「古くからのご友人が不動産投資に興味をお持ち」との相談を受け、T先生とお話させていただく機会を設けさせてもらいました。

T先生　3年ほど前ですね。静岡から東京に戻ってきたことを機会に不動産投資を始めてみようと考えました。ちょうど二人目の子供が生まれるタイミングで、東京への異動が決定したのですが、医師の収入には地域差がかなりあります。一般的な企業では、都市部ほど給与が高く、地方にいくほど低くなるものですが、医師の場合は逆なんです。地方勤務に比べて、都市部はうんと収入が落ちてしまいます。そこで今まで以上に効果のある節税対策をして、本格的に資産形成をしようと考えました。

とはいえ、病院には勤務中にも関わらず、不動産投資を勧誘する強引な営業電話がよくかかってきていましたので、ずっと関わってはいけない世界だと避けていたのも事実です。たちの悪い内容も多いですからね(笑)。営業電話をかけてくるような会社はすべてたちが悪いと思っていました。だから実際に始めるまでは結構二の足を踏んでいましたね。

森田　不動産投資の営業電話に迷惑されている医療従事者さんのお話はよく耳にしま

す。強引な電話のイメージから、不動産投資は「怪しい」「詐欺ではないか」などの否定的な意見を持っている人も多く見受けられます。

T先生　いざ不動産投資をやってみようと思っても、私たち医師は本業で忙しく、不動産投資のことをよく知りませんし、信頼できる会社を探しあてるのは大変です。私の場合は、古くからの友人から「森田社長は絶対的に信頼できる」と聞き、それならばまずお話だけでも聞いてみようと決心しました。

パートナーとして信頼できる人か

◉森田社長にお任せしようという答えに至った

森田　神田にある昔ながらの喫茶店でお会いしましたね。先生の状況をお聞きして課題を抽出し、解決の方向性として私が考える不動産を利用したスキームをお話させていただきました。静かに耳をかたむけていただき、不動産投資のことを真剣に考えておられることがわかりました。

T先生　最初にお会いしたときのことは、私もよく覚えています。友人から森田社長はマッチョで色黒な方と聞いていましたから、業界の社長ってやっぱりゴリゴリのイカツイ方が多いな、という印象でした(笑)。しかし柔らかな笑顔で挨拶いただき、一言二言お話するだけで、そのイメージは見事に翻されました。「すぐに不動産投資を始めましょう」という強引なアプローチも全くなく、とても誠実な方だとわかり、安心しました。

不動産投資の会社も、また投資物件も世の中には山のようにあり、どのように選ぶか、最初の段階で決め手となるものを見つけるのは正直に言って難しいと思います。だからといって自分で勉強して、素人の私が目利きをして選ぶことも無理でしょう。では、どうするのがいいのか？　まずはパートナーとなる会社や担当者と関係性を築き、任せていけるかどうかを判断するほかないと思います。森田社長とは何度もお話をさせていただいて、この人にお任せしようという答えに至ることができました。

森田　先生の場合、不動産投資を始められるニーズが「節税」と明確でしたから、私としてもソリューションを導きやすく、スムーズにご提案できました。医師の皆さんは年収が高いため所得税等が重くのしかかり、何もしないと資産を積み上げていくことができません。節税対策のためのキャッシュフローや数字を理解いただきながら、あらゆる方面から検討し、先生に最適な戦略を組み立てました。

T先生　給料に対して税金が高い点はいつも問題に感じていましたし、働けば働くほど増えていく税金の負担もどうにかしたかったので、私自身の現状に寄り添ってプランニングしていただけたことは本当にありがたかったです。

状況や目的に応じて戦略をたてる

◉コロナ禍で不動産投資を取り巻く状況も大きく変化

森田　２０１９年に大阪の投資物件からお取引をスタート。そこから二段階に分けて計７件、合計で３～４億円の不動産を取得いただきました。二段階目のときはコロナ禍の影響により、最初のご提案とは違う内容のものを再度、ご提案させてもらう形となりました。コロナ禍が景気の足を引っ張る要因となり、この２年でずいぶん状況が変わってきています。今から不動産投資を始められる方は、２年前に始めている方とは全く条件が違ってきている状態です。

Ｔ先生　森田社長は定期的に収支シミュレーションの見直しなど、きめ細かくサポートしてくださるのでありがたいですね。首都圏では物件自体もかなり少なくなってきているのでは？

森田　そうですね。オーナー様からすると、今後入手しにくい東京の物件を所有されていることは、いい状況といえるかもしれませんね。東京の販売事業者さんや新興デベロッパーさんは東京で新規開発が期待できないこともあって大阪に注目され、競争率も高まっています。先生にご紹介させていただいた大阪の投資物件も価格が安いときに買っていただけてよかったです。都心の難波というエリア性もあり、すでに価格が2、3割も値上がりしていますからね。

T先生　東京は飽和状態ということでしょうか。

森田　飽和状態であることに加え、一部の会社が独占して抱え込んでいます。値段を高く買い取ってしまっているので、相場が崩れてしまっていることもあり、ここ数年の大きな変化を如実に感じています。セカンダリー（中古）市場における取引が増加する傾向があり、築10年を過ぎた物件でも結構強気の価格がついていますね。様々な状況を総合的にみても、大阪のいい物件を先生にご紹介できてよかったと自負しています。

T先生　最初にご紹介いただいた物件が大阪で、自分で見に行くこともできないですし、どういう土地なのかも肌感覚でわからないので、どうかな？と思いましたが、森田社長を信じて大正解でしたね。東京、大阪、福岡という中核都市は間違いないだろうとは確信していましたので、思い切って飛び込んでよかったと思います。

森田　順調な大阪に比べ、東京の亀戸は苦戦をしました。価格が高い新築物件ゆえ家賃も高く、リーシングが大変です。実はリバースで一年間、家賃保障を自社でランニングしていました。なかなかお客様がつかず、最終的にはリバースの社員寮として活用しています。大阪から上京してきた弊社社員が亀戸の社宅に入っていますが、「とても住みやすい」と喜んでいますよ。

T先生　自社の利益を考えて、安易に他の業者に売却されることなく、行動に責任をもって管理しておられる。そういう部分もリバースさんへの信頼感につながっていると思います。

不動産投資におけるルール

◉「誠実」に深く、長く、信頼関係を築いていく

森田　先生は7件の物件を所有されるなか、不動産投資に対するマイルールをお持ちですか。

T先生　不動産投資は取得だけでなく、その後の運用や最終的な出口戦略が大事と考えています。ただ先のことを早くから心配しても仕方がないという思いもありますので、取得時には目の前の利益創出に踊らされたり、その時の流行に乗ったりするようなことはやらないようにしています。たとえば、コロナ禍で北海道を

はじめ、密を避けられる地方の土地が人気という話を聞いても、先行きがはっきり見えないので乗らないようにしておこうとか。流行り廃りのない、手堅い物件を厳選して取引していきたいと考えています。

森田　確かにトレンド色の濃い物件のなかに「いいな」と思えるものもあるのですが、私たちが少しでも不安に思える要素が見えるものはご提案できないですね。これは自分が創業して辿り着いたビジネスの本質です。独立するまではサラリーマンとして勤める雇われの身分でしたから、「これを売ってこい」と言われれば、売りに行きますし、何か問題があれば、会社が責任をとるという意識でしたが、今は自分が先頭で動いて、責任は１００％自分にありますから、決してリスクは取れないです。不動産の価値は景気や金利の動向、人口推移など、様々な要素の影響を受けます。安易に取得をお勧めするのは、何よりも私たちが志として掲げる「誠実」に背くことになります。

今後もお客様が安心できる不動産を提案していきたいと思っています。お客様との信頼関係を長く築いていくことこそが私たちリバースの最大の価値です。お客様との関係、ご縁を大切にしなければならないですし、それが私たちの事業継続の目的（パーパス）だと考えています。

T先生　不信感が大きかった不動産投資の世界でしたが、森田社長の誠実なご対応に大きな信頼を寄せています。まだ不動産投資を始めて1年ながら、大きな節税効果を体感でき、大変満足しています。この業界は会社の規模や物件の良さというよりも、最終的には〝人〟で決まると実感している今日この頃です。

時間・手間をかけずに、期待以上の効果

◉確定申告がストレスから楽しみに

T先生　目的としていた節税に関しては、最初の確定申告から、かなりの効果を上げることができました。私たちは職業上、どうしても税負担が大きくなりがちで

す。その部分をかなり軽減できていることを実感できることは本当にありがたいですね。昔は手間ひまかけて確定申告書を書き上げて、税務署で並んで申告をしても、必ず追加徴収されることが大きなストレスとなっていましたが、今では申告が楽しみになっています（笑）。おかげさまで、気持ちのゆとりも生まれてきたように思います。森田社長に丸投げでお願いをしていますので、不動産運営のために時間を費やさず、もちろん本業にも全く影響を出さずに、節税の目的を果たせています。おそらくリスクなどもしっかりと森田社長がクリアしていただいているのでしょう。お任せしていることに対しては、安心感しかありません。

森田　医師である先生には本業にしっかりと集中していただけるように、私どもで全面的にサポートさせていただいています。先生はオペも抜群にお上手と評判で、他のお医者様からのリスペクトも集められています。私は先生がお勤めの病院に命を助けていただいた恩義があり、こうして今、仕事ができているのも、生きているからこそと感謝しています。

T先生　最初、お会いしたときに当院で脳外科の手術を受けられたとお聞きしたので、「この社長さんは脳外科医に対して悪いことはしないだろう」と確信しました(笑)。考えてみれば、不思議なご縁ですよね。

森田　それが戦略だったかもしれないですよ(笑)。

T先生　いくらなんでも不動産投資の営業のために、頭は切らないですよね(笑)。冗談はさておき、森田社長とはいつお会いしても、こうやって気さくにお話ができます。何か困ったことがあれば、気軽にＬＩＮＥで聞くこともできる距離間の近さを嬉しく思います。不動産投資に対して素人だった私がうまく運用できていることが、何より誠意をもって助けていただいている証拠だと思いますね。今後、リスクを負ってまで手を広げていこうとは考えてはいませんし、このまま安定して手堅くやっていくことが理想です。何か状況が変わるようなことがあればすぐに森田社長にご相談させてもらい、将来へと共に進んでいければと思っています。

森田　ありがとうございます。こちらこそよろしくお願いします。

これから不動産投資を始める方にメッセージ

医療業界では、不動産投資の会社に対していいイメージを持っていない人が非常に多いです。しかし、イメージだけで拒絶するのではなく、実際にやっている人に話を聞いてみるなど、前に進む方法を考えることが必要です。実情を知る人から話を聞くことでイメージが変わることもあります。そこから不動産投資で得られるメリットを知り、理解していくことで、むしろ私たちにとっては、いい節税手段になり得ることをもっと多くの人に知ってもらいたいです。日本人の性質上、リアルなお金の話をしにくい状況もありますが、興味を少しでもお持ちならば、経験者に話を聞くことから始めてもいいと思います。私も自分の体験談はどんどんお話したいと思いますし、今は不動産投資をやって本当によかったと喜んでいます。

森田より一言

先生からお話があった出口戦略としては、一般的な買取りや再販のみならず、税理士とともに検討して譲渡税率の対策なども可能です。戦略的にやれることは積極的にご提案し、万が一何か問題があったときにも決して背を向けることなく、しっかりと問題解決のために向き合って、さらなる信頼関係を築いていければ嬉しいです。

実は現在、業界のやり方を大きく変える画期的な仕組みづくりを考えています。海や山でのワーケションを活用し、キャッシュを抑えながら、リスクを伴わない手堅くクィックな投資商品なども企画中です。きちんと構想・仕組みができた暁には先生にもぜひご紹介させていただきたいと思います。ご期待ください。

対談② 30代／勤務医

●不動産投資を始めたきっかけ

長期的な資産形成、短期的な税金対策

●所有投資物件

東京（豊島区・駒込ほか）3件、神奈川（横浜・川崎）2件、計5件、1億円

●森田社長の最初の印象は？

派手な遊び人と思いきや、実は全くそんなことはなく、堅実で誠実な方でした。物事の考え方などに共通点が多く、親近感を持ちました。

マンション投資に興味をもたれたきっかけ

◉節税効果が期待できる不動産投資

森田　先生はもともと、世の中の景気や経済など市場全体の動きを表す指標へ投資するインデックス投資で、順調に資産を築いておられました。

Y先生　資産形成に興味をもったのは、銀行預金をしていても金利が低すぎて全然増えないからです。そこで株式や投資信託などについて、情報収集を行っているとき、後輩の医師から森田社長のことを聞き、ビジネスモデルを含め不動産投資の話を聞いてみようと思ったのがきっかけです。２０２１年の春に森田社長とお会いして、とりあえず経験してみるのもいいだろうと考え、すでに夏にはスタートさせていましたよね。

森田　初めてお会いしたときから、意思決定のとても早い方だと感じました。当然、私のご提案にもスピードが求められるのですが、その際に大事なことは先生が求めておられるニーズと私のご提案が一致しているかどうかです。ご希望や予算に基づいて納得いただける、根拠のあるご提案を行うために、きめ細かくヒアリングを実施し、先生がインデックスファンドを手がけておられることを伺いました。インデックスファンドは安定的な資産運用には向いていますが、その一方で先生が課題として挙げられている節税に関して効果はありません。実際に先生の収入を見せていただき、しっかりとした税金対策ができると判断し、節税のためのロジックについて詳しくお話をさせていただきました。

Y先生　医師としてかけ出しの頃は世間でイメージされているほど給料は高くありませんが、経験年数が長くなるにつれ、給料も比例して上がっていきます。私も医師となって7年が経ち、ちょうど所得税や住民税の節税対策を考える時期だったといえますね。

まさかの修羅場。それも今ではいい思い出に

◉契約後にキャンセル。1000万円以上の違約金発生⁉

Y先生　森田社長とは最初、色々ありましたね。

森田　はい。今では笑い話ですが、ある意味、修羅場と化していました。先生は攻めの判断をされ、どんどん進めていかれるのですが、実は頭の片隅で攻めすぎでは……とも思っておられたのでしょう。ご契約が終わってしまったタイミングで、「白紙に戻したい」というキャンセルの電話をいただき、私は気絶しそうになりました(笑)。「とにかく一度、お会いしてご説明を」とお願いする私に対し、先生は「会わない！」と拒絶されて。

Y先生　いろいろと誤解していた部分もあったのですが、私としてはとにかくリス

クを負いたくないと思い込んでしまったからです。

森田　リスク回避でやらないと決断されるにしても、どのような解釈でそうお考えになったのかお伺いしたいと思いました。

もし、間違った解釈からやらないという結論を出しておられるならば、ご提案した私としても、きちんと誤解を解くために説明させてもらう責任があります。

あのときは夜中まで１００回ほどＬＩＮＥのやりとりをしましたね。

Ｙ先生　しました、しました。とんでもない数の電話とＬＩＮＥでした。当時、私はある意味、開き直っていましたよね。

森田「今の段階ではもう白紙にはできないです」と申し上げると、「だったら、どうしたらいいのですか！」という感じでしたね。ご契約内容をキャンセルする場合、現金で20％の違約金が発生しますので、１０００万円以上をお支払いいただかなければならない状況でした。

Y先生　何もしないうちから1000万円以上のマイナスと聞けば、感情的になりますよね。激高する僕を、最後まで諦めず、よくお付き合いいただいたと思います。よくよくお話を伺うと、森田社長は私のことを本当に考えてくださっていると伝わりました。決して「取得させることがゴール」ではないとわかったからこそ再度検討してみようと考えたのです。

森田　最終的にはすべてを理解してもらえて本当によかったです。そこから再度、慎重に検討いただき、しっかりと納得されたうえで、ご決断いただきました。現在は1億円を超えるお取引をさせていただいています。

Y先生　今は5件の取引をお願いしていますよね。東京3件、横浜1件、川崎1件という投資です。ひと悶着あったものの、駒込をはじめ非常にいい場所で所有でき、満足しています。

パートナーとして信頼できる人か

◉とことん付き合ってくれた誠実さに惚れて

森田　先生とのこの一年はとても濃厚でした。不動産投資の会社は弊社以外にもたくさん存在します。お互いの意見を激しくぶつけ合う事態を迎え、「こんなことなら他社に……」と思われたこともあったのではないですか。

Y先生　森田社長が私の感情論にとことん付き合ってくれたからこそ逆に信頼できたのかもしれません。逃げずにしっかり対峙してもらえる会社なのだと思いました。森田社長はどんなときも決して嘘をつかない方ですしとても誠実です。その誠実さがリバースさんを選んでいる一番大きな要素だと思います。誠実な対応が決して揺らぐことがない。何か困ったことがあれば即対応してくれます。こんなにうるさい私に、よく接していただいていると感心します。

森田　夜中の2～3時頃から、LINEのレスポンスが始まりますからね。

Y先生　真夜中に急に思い付いたことは、すぐLINEで送らないと忘れてしまうからです。申し訳ないと思うものの、気になり出すと寝られませんから。

森田　先生にはとても鍛えられました(笑)。とはいえ、LINEだけでは意思疎通がどうしても難しいため、できるだけ直接お会いすることを心掛けました。ご多忙の中、「今なら大丈夫」と連絡をいただくと、たとえラフな格好をしていても「こんな格好で申し訳ないです……」とお詫びしながら、急遽お伺いすることを繰り返していました。貴重なお時間を割いていただいたのですから、無駄にしないことが大事です。

Y先生　当時は静岡で勤務していましたから、森田社長にもご足労をおかけしました。

森田　頻繁に通う静岡は私にとって、第二の故郷となりました（笑）。

Y先生　森田社長からお話を伺うことで、不動産投資への理解がどんどん深まっていきました。不動産投資を一つの事業として捉えることができるようになったのも森田社長の影響です。不動産を所有して運用しているという自覚を持つ。言葉にすると簡単ですが、実践するのは結構難しいことです。不動産投資への考え方が変わったことが、森田社長とお付き合いさせていただくなかでの大きなターニングポイントになっています。

森田　確かに理解していただくまでの時間はかかると思います。しかしディスカッションを重ねていくたびに、先生がどんどん理解されていくことを私も実感していました。

Y先生　話せば話すほど、森田社長の誠実な人柄がよくわかりました。営業マンの方ってよいことばかり言って約束と違っているとか、嘘をついているとか、そんなことが結構多いじゃないですか。本音を言い合うことができるというのは、不動産投資の世界ではとても大切なことだと思います。

森田　最初はいろいろあったものの、お取引が始まってからはスピーディに意思決定をしていただけるので、私もご提案しがいがあります。300社以上が存在する不動産業界の中から弊社を選んでいただいていますので、ギブできるものはしっかりとギブして、与え&与えられる、ポジティブな関係を深耕していきたいと思います。

「THE TRADE」のロールモデルに

◉次世代不動産投資の成果を実感

森田　有価証券と投資不動産を所有されている先生ですが、投資に対するマイルールをお持ちですか。

Y先生　情報収集を行うことが大切だと思っています。市場の動きや為替も含め、どのようなリスクとリターンがあるのかを入念にインターネットで調べ、さらに実際に運用されている方からも話をお聞きします。不動産投資に関しては、これだけは譲れないという特別なルールは設けていないものの、立地条件や建築年数にはこだわります。

森田　先生には条件的に非常によいご提案ができたと自負しています。また先生には弊社の次世代不動産投資「THE TRADE」も取引していただいています。通常の不動産物件とは別に2000万円のキャッシュで物件を1件、取得していただき、出口を逆算する戦略を組み立てています。現在、2回転目に入り、キャッシュを回して資産形成を進めながら、弊社開発商品の成果を先生に検証していただいています。

Y先生　「THE TRADE」の話を森田社長から伺い、ポテンシャルを感じました。仕組みとして可能性が高く、とても期待しています。

森田　「THE TRADE」は、出口戦略での売却益が大前提となります。皆さんにその旨を説明させてもらっても、「嘘でしょう。本当に短期で獲得できる売却益?」という反応がほとんどです。

より確実に、より効率的な不動産投資人生を行えますと力説したところで、なかなか信憑性が得られないのは仕方がないと思います。先生にはそれを実際に体験していただいたことで、一つのエビデンスができました。先生は別にインデックス投資もされていますので、それらと比較しても、「THE TRADE」がいかに明確な仕組みであるかを実感していただけていると思います。多くのキャピタルを入れたからといって、それほどエキサイティングしないものの、10%~20%くらいを確実に、最大では25%の利回りを取っていける仕組みです。条件として最初にキャッシュが必要ですが、先生はすでに不動産投資もされていて、所有権が発生していますので、キャッシュは権利と引き換えと考えていただいています。

Y先生　森田社長とは不動産投資を通して信頼関係ができていたからこそ安心して、さらにその先の「THE TRADE」へ進むことができました。最初は節税のために始めた不動産投資でしたが、今ではビジネスとしての側面も含めて運用しています。そのノウハウを蓄積していけるのが面白く、楽しみでもあります。

森田　先生に「THE TRADE」のロールモデルになっていただければ、今後参加したい人もさらに増えてくると思います。「THE TRADE」は、不動産投資会社とオーナー様が互いに高め合いながら資産形成をしていくことで新たな価値を生み、ビジネスとして拡大していくことが可能です。タイミングを見て資産管理法人を設立して、売上を法人に計上し、法人としてのエビデンスを作ることで銀行から資金調達できる仕組みをつくりたいと考えています。個人および法人として異なる財布を二つ持ち、そこでの与信枠を戦略的に作っていきます。そうすることで皆が幅広い選択肢がとれる戦略的な設計を完成させることを理想としています。先生には「THE TRADE」に期待値をもって真剣に向き合っていただけますし、今後、ぜひ協力して強い力を作っていきたいと考えています。

Y先生　森田社長にはすべてにおいてすでに十分すぎるくらいにやっていただいており、今、とても満足しています。バシッと高級スーツを着こなして、ボディメイクにも熱心という遊び人的な外見を持つ森田社長ですが、意外と堅実です。そこがまた魅力なのでしょう。夜、二人で飲んでいても、いつのまにか熱心にビジネストークをしていることが多いですよね。

森田　お互いに忙しいこともあり、ご一緒に晩酌ができる時間はとても貴重です。だからその貴重な時間を双方にとって価値のある時間にしたい、共有時間のクオリティを高めていきたいと思っています。そういう部分では価値観がとても近いのかもしれませんね。

Y先生　確かに近いと思います。二人ともハングリー精神が旺盛ですし、特に私は幼少期の頃、あまり裕福ではなかったので、基本的に血気盛んな部分が多い。大学時代、関西から東京に出てきて、やってやるぞ、と気負ってきた熱すぎる人間ですが（笑）、これからもお付き合いをお願いいたします。

森田　ぜひお手柔らかに、よろしくお願いいたします。

これから不動産投資を始める方にメッセージ

まずは自ら情報収集をして、決して人任せにしないことです。コンサルティングしてもらう信頼できるパートナーは必要ながら、自分が主体となって取り組んでいくという意識が大切。日頃からの努力を怠らず、あくまで投資判断するのは「自分」という点は念頭に置いておく必要があります。

また、たとえ不動産投資だけに取り組むとしても、不動産の知識だけではなく、株式市場や世界情勢など他の知識も得ておくほうが、全体を俯瞰できるという面で効率的でしょう。幅広い知識を持って臨むことが正しい決断を早め、堅実な資産形成につながると思います。当然ですが、リターンを享受するにはリスクを負わなければなりません。ご自身の許容リスクに応じた投資を心掛けて、ぜひよい結果を出していただきたいと思います。

森田より一言

先生とは今後も、弊社の次世代不動産投資「THE TRADE」で、さらなる、リファラル（推薦、紹介）を獲得していけるような仕組みを一緒に作っていこうとしています。不動産投資を通してご縁をいただいたことに感謝して、今後お互いの思いや考えをお互いに理解することで、お互いへの思い入れもさらに深まっていくと考えています。コミットが他のお客様よりも強い部分がある先生とは今後また意見のぶつかりがあるかもしれませんが、嘘をつかず誠実に、オーナー様のためになることは妥協せずに進めていく所存です。お互いを高め合って、さらなる信頼関係を築いていければ嬉しいです。

おわりに

不動産投資業界の不誠実な慣習を正し、健全で透明性のある環境へと変え、誰もが安心して不動産投資を始められるようにしたい――

その思いを実現するため、仲間たちとともに「ＲｅＢＩＲＴＨ」を立ち上げて以来、モットーとして掲げ続けてきたのは「誠実な不動産投資」です。その具体的な中身を、当社のミッションとバリューでは、次のように表現しています。

▼Mission

不動産投資に安心と信頼の質を創ること。
お客様の人生の質、生活の質を高めること。
お金を活かして、豊かな人生を実現すること。

▶Values

常にお客様の立場に立ち、お客様目線で行動する。
けっして妥協をしない。最高の価値のみを提供する。
お客様にとって不要で、価値のないものは売らない。
誠実でありつづける。常にお客様と真摯に向き合う。

医師の方々に不動産投資のコンサルテーションを行うときにも、「誠実でありつづける」ことを片時も忘れたことがありません。これまで多くの医師の方々とのご縁をいただいてきました。そのことをこのうえなくありがたいと感じ、頼りにしてもらえる、信じてもらえる存在になるために、有言実行を何よりも心掛けてきました。人の命と健康に関わる失敗の許されない厳しい仕事に全身全霊で取り組まれている方々から信頼を得るためには、言葉だけでなく、行動によって結果を示さなければならないと考えたからです。

おかげさまで、「ＲｅＢＩＲＴＨ」に信頼を寄せてくださる方々は、年を追うごとに１人、また１人と増え続けていることを実感しています。その信頼を裏切らないために、これからもお客様への感謝の気持ちを忘れず、常にベストな提案ができるよう、誠心誠意、全力を尽くして努めていきます。

2023年3月吉日

ReBIRTH　代表取締役　森田　潤

森田潤（もりた／じゅん）

1982年、東京都出身。5歳のときに実父が不動産投資をはじめ、成功を収めたことから、不動産投資を軸とした資産形成に関心を持つようになる。いくつかの投資用不動産会社を経て、透明性の高く誠実な不動産取引を実現するため、不動産販売・管理会社のReBIRTH株式会社を2017年に設立、代表取締役に就任。サラリーマン時代より医師の不動産投資を特に多くサポートしている。

収益《しゅうえき》と節税力《せつぜいりょく》を最大化《さいだいか》
医師《いし》の不動産投資超入門《ふどうさんとうしちょうにゅうもん》

2023年 4月28日　初版第1刷発行

著　　者　森田 潤

発 行 人　仲山洋平

発 行 元　株式会社フォーウェイ

〒150-0032　東京都渋谷区鶯谷町3-1 SUビル202
電話 03-6433-7585(編集)／FAX 03-6433-7586
https://forway.co.jp

発 売 元　株式会社パノラボ

〒150-0032　東京都渋谷区鶯谷町3-1 SUビル202
電話 03-6433-7587(営業)／FAX 03-6433-7586

装丁・本文デザイン　JUNGLE(三森健太)

本文DTP　bird location(吉野章)

校　　正　横川亜希子

印刷・製本　シナノ

ISBN978-4-910786-02-5